NÃO NEGOCIE COM A PREGUIÇA

NÃO NEGOCIE COM A PREGUIÇA

A PRÁTICA DO ENGAJAMENTO PARA O PLENO DESEMPENHO

ALÊ PRATES

5ª edição

Rio de Janeiro | 2023

CIP-BRASIL. CATALOGAÇÃO NA PUBLICAÇÃO
SINDICATO NACIONAL DOS EDITORES DE LIVROS, RJ

Prates, Alê

P925n   Não negocie com a preguiça: a prática do engajamento para o pleno
5ª ed.   desempenho/Alê Prates; – 5ª ed. – Rio de Janeiro: Best*Seller*, 2023.
il.

ISBN: 978-85-465-0159-5

1. Autorrealização (Psicologia). 2. Sucesso. 3. Liderança. 4. Conduta.
I.Título.

CDD: 158.1
19-54569   CDU: 159.947

Leandra Felix da Cruz – Bibliotecária – CRB-7/6135

Texto revisado segundo o novo Acordo Ortográfico da Língua Portuguesa.

NÃO NEGOCIE COM A PREGUIÇA: A PRÁTICA DO
ENGAJAMENTO PARA O PLENO DESEMPENHO

Copyright © 2019 by Alê Prates

Todos os direitos reservados. Proibida a reprodução,
no todo ou em parte, sem autorização prévia por escrito da editora,
sejam quais forem os meios empregados.

Direitos exclusivos de publicação em língua portuguesa para o mundo
adquiridos pela
Editora Best Seller Ltda.
Rua Argentina, 171, parte, São Cristóvão
Rio de Janeiro, RJ – 20921-380
que se reserva a propriedade literária desta edição

Impresso no Brasil

ISBN 978-85-465-0159-5

Seja um leitor preferencial Record.
Cadastre-se no site www.record.com.br e receba informações
sobre nossos lançamentos e nossas promoções.

Atendimento e venda direta ao leitor
sac@record.com.br

SUMÁRIO

PREFÁCIO: Engajamento é um estado de espírito
  (Thedy Corrêa)   9

EU SOU UM CARA DE MUITA SORTE, EMBORA
NÃO ACREDITE TANTO NISSO   17

INTRODUÇÃO: A ARTE DE NÃO
  NEGOCIAR COM A PREGUIÇA   21

Você é engajado ou comprometido?   25
Por que ENGAJAMENTO?   27
Algumas coisas que você precisa saber sobre este
  livro   39
De onde veio essa história de engajamento?   45
Não confunda engajamento com comprometimento   53
Frequência ou intensidade: qual é a melhor decisão?   61
Presença: um tesouro nas suas mãos   65

PONTO DE CONEXÃO 1:
O engajamento e a sua carreira

Conselho a um jovem (e imaturo) profissional	95
A fase do "quase lá" é o momento mais delicado da sua carreira	101
Trabalhar demais não é sinônimo de engajamento	115
Você pode acelerar a sua carreira	119
O engajamento na transição de carreira	127
Em algum momento você vai precisar fazer uma transição de carreira	133
Você é ENGAJADO ou COMPROMETIDO com a sua carreira?	141

PONTO DE CONEXÃO 2:
O engajamento e a sua liderança

O engajamento e as gerações	147
O RH e a eterna luta pelo engajamento	155
A Espiritualidade do Resultado	157
Eu convido você a repensar a sua gestão	165
O maior pecado dos líderes	171
Seja o chefe de que o seu time precisa!	183
Você é ENGAJADO ou COMPROMETIDO com a sua liderança?	185

PONTO DE CONEXÃO 3:
O engajamento e a sua saúde

Você é ENGAJADO ou COMPROMETIDO
  com a sua saúde?   209

PONTO DE CONEXÃO 4:
O engajamento e os seus relacionamentos

Conviva com pessoas melhores do que você!   219
Você é ENGAJADO ou COMPROMETIDO
  com os seus relacionamentos?   235
É hora de me despedir   237

PREFÁCIO

ENGAJAMENTO É UM ESTADO DE ESPÍRITO

Vai longe o tempo em que me reuni com dois ex-colegas de escola e juntos decidimos montar uma banda. Não tínhamos muitas pretensões e tampouco uma ideia do que o destino nos reservaria com esse negócio de rock and roll. Naqueles deliciosos anos 1980, ter uma banda de rock parecia uma ótima ideia. Centenas, talvez milhares, de bandas surgiram, mas a maioria esmagadora ficou pelo caminho. Qual seria o principal fator que determinava o fim de uma banda? A resiliência e o engajamento. Quem brincou de ser roqueiro ficou perdido na estrada e desapareceu. Quem persistiu teve muito mais chances. Quem se engajou soube aproveitar essas chances.

O Nenhum de Nós, minha banda, hoje passou a marca de 30 anos de atividade ininterrupta. Nunca "demos um tempo" para depois tentar um evento de marketing com a "volta" dos que não foram. Nunca deixamos de lançar discos, fazer shows e abastecer nosso público. Mas este livro não é uma biografia de uma banda, muito menos um guia do roqueiro arrependido. O livro que você tem nas mãos explica muito do que foi minha história e a do seu autor, Alê Prates.

Se a palavra "engajamento" tem sido ouvida de forma constante nos dias de hoje, não significa que ela faz parte daquilo que costumamos chamar de modismo. Seu significado abriga histórias e, na minha opinião, define um estado de espírito. Aquelas características que fazem com que as pessoas se refiram a alguém como guerreiro, determinado, batalhador ou comprometido não são temporárias ou passageiras; elas fazem parte do que essa pessoa é em sua essência. O engajamento obedece à mesma lógica. Mesmo que um estado de espírito oscile com os altos e baixos da vida, ser engajado é uma marca de quem mantém essa linha de conduta imutável, mesmo em tempos turbulentos. Na verdade, ela se mantém principalmente nesses momentos. Nas crises é que se agiganta.

Quando conheci Alê Prates, eu já havia descoberto em mim a vontade de experimentar um novo caminho, o de palestrante. Era uma bela maneira de compartilhar vivências, experiências e todo o conhecimento adquirido em minha já longa trajetória.

Tudo começou com a sugestão de meu amigo jornalista, Tulio Milman, para que eu organizasse uma fala que transmitisse essas ideias e propusesse algo envolvendo música e o ambiente de trabalho. Logo um outro personagem comum a mim e ao Alê entrou em cena: Fabrício Ramos. Fui apresentado a ele pelo professor Escobar, que havia me visto palestrar em um evento literário. Acabei me transformando em palestrante exclusivo de sua pequena agência, sediada na cidade gaúcha de Ijuí, onde Fabrício morava. Foram tempos de muito aprendizado para ambos. Eu dedicava quase todo o meu tempo à minha principal atividade — a banda —, e no tempo restante aperfeiçoava minha palestra e minha carreira nesse campo.

Navegamos por águas agitadas e turbulentas, até que um dia o Fabrício decidiu mudar-se para a capital — Porto Alegre —, onde começava uma parceria com o instituto do Alê Prates — ICA (Instituto de Coaching Aplicado). Desde o princípio a nossa relação de amizade e colaboração me fez despertar para a necessidade de um tipo de engajamento que eu, até então, não vinha aplicando à carreira de palestrante. O Alê se mostrou um mestre generoso nos caminhos dessa profissão, sendo ele mesmo um exemplo de dedicação e abnegação a ela. Percebi quanto mais eu precisava me comprometer com a ideia de ser palestrante para que essa carreira começasse a de fato gerar frutos. Os outros profissionais bem-sucedidos do mercado estavam muito à frente de mim em vários sentidos, e muito do caminho que eles trilharam — e seu sucesso — foi o Alê quem me fez compreender. Ele e o Fabrício formaram uma dupla perfeita no que diz respeito ao comprometimento. Ao mesmo tempo que lideravam um processo de desenvolvimento da agência, eles me impulsionavam a acompanhá-los, a não ficar para trás.

Com a mudança da agência para São Paulo, os desafios e oportunidades cresceram em igual medida, e nesse momento a experiência e o conhecimento de ambos foi fundamental para que eu encontrasse um espaço e uma maneira adequada de mostrar meu trabalho. Mas se havia algo que eles realmente me "cobravam" era o engajamento. Eu acompanhava a chegada de novos palestrantes à agência e aumentava minha certeza de que os resultados aumentariam na mesma proporção que eu aumentasse minha dedicação.

Costuma-se dizer que o exemplo é o melhor professor, e eu aprendi muito com o Alê, partindo desse princípio. Por isso, não é surpresa para mim que ele tenha escolhido o engajamento como tema de seu novo livro. Poucas pessoas que conheci praticaram tanto isso em sua vida. O sólido crescimento profissional do Alê é resultado de uma vida dedicada aos princípios que ele traz neste livro. Vejo muitos palestrantes aterrissarem no mercado usando ferramentas que, para eles, são pouco mais que um hobby, mas que eles vendem como se fossem sua própria vida e, assim, baseados em coisas que não vivenciam profundamente, aspiram a mudar a vida daqueles que os ouvem. Nada pode ser mais superficial e vazio. Não se tira da cartola uma experiência concreta de vida, com suas vivências e aprendizados. Vejo que muitos tentam, com resultados desastrosos.

Quando digo que o engajamento é um estado de espírito, é porque não se trata de sentir-se "obrigado" a engajar-se, mas sim do entendimento de sua fundamental necessidade. Alguém como o Alê Prates, que o pratica como a essência de sua conduta e, além disso, ainda o transmite generosamente como um conhecimento a ser compartilhado e vivido, é um exemplo de conteúdo desenvolvido de uma forma sólida.

Viver, aprender e compartilhar. Preceitos básicos de uma fala transmitida com honestidade.

Sou imensamente grato pelos princípios de um engajamento verdadeiro e genuíno que o Alê me transmitiu — seja pelo conhecimento compartilhado, seja por um exemplo a ser seguido —, assim como sei que todos os leitores deste livro também serão após sua leitura. Muito mais que abrir meus olhos, ele abriu minha mente para algo fundamental para qualquer carreira que aspira ao sucesso.

Obrigado, mestre!

Thedy Corrêa
@thedycorrea

Não negocie com a preguiça. Ela sempre ganha!

Alê Prates

EU SOU UM CARA DE MUITA SORTE, EMBORA NÃO ACREDITE TANTO NISSO

Sou rodeado de gente que me ajudou a tornar essa trajetória possível. No decorrer deste livro você vai ver que defendo a percepção individual como um fator decisivo para conquistar o engajamento. E, ao longo da minha jornada, convivi (e convivo) com algumas pessoas que permitiram que eu revisitasse a maneira de enxergar as diversas questões da vida. A elas agradeço:

— Aos meus pais, que trabalharam duro a vida toda e jamais se queixaram de suas jornadas intensas, ensinando-me o valor do trabalho.

— Aos verdadeiros amigos, que cumpriram a mais dura missão desse vínculo: não economizaram nas críticas, que me permitiram evoluir.

— Ao meu irmão, por me fazer seu espelho e me encher de orgulho por suas conquistas.

— Aos mestres que me ajudaram a questionar todas as minhas certezas.

— O meu mais sincero agradecimento ao time da Insperiência, por se dedicar tanto a mim.

— E a você, leitor, que me concede a maior de todas as honras: a sua confiança.

EM ESPECIAL...

Agradeço a você, Letícia Tomazelli. A sua presença me inspira e torna tudo mais leve e intenso. Obrigado por transformar o meu mundo e me presentear com os maiores tesouros da minha vida: o seu amor e a nossa Lara.

Te amo. Amo nossa vida. Amo nossa família.

A ARTE DE NÃO NEGOCIAR
COM A PREGUIÇA

Nova York, sábado. Levanto cedo, despertado pela euforia de estar naquela cidade. Obviamente, mesmo sem intenção, acordo minha esposa, que, com sua risada contagiante e nada discreta, acorda a casa inteira. Depois que tomamos nosso café, ainda faltam algumas horas para o passeio programado. Olho pela janela: cai uma chuva moderada. Pego minha roupa de treino e, enquanto calço os tênis, meu sistema interno trata de cumprir o seu principal papel: me proteger. E, para me proteger, ele tenta, de todas as formas, fazer-me ficar ali, no meu canto, confortável, entre as seguras paredes daquele apartamento. Enquanto, inevitavelmente, ouço as suas ponderações, o mundo externo trata de reforçá-las. Minha esposa (também querendo me proteger) pergunta, abismada: "Vai correr na chuva?" Está claro que sim, mas a pergunta vem com a intenção de me fazer repensar. Então, naquele momento, envolvido pelos "conselhos" tentadores do meu sistema interno e do mundo externo, a preguiça se faz presente. Ela chega sem cerimônia, está em casa e cheia da razão, certa de que ganhou a parada.

Eis que o mantra que me acompanha há alguns anos e me salvou da obesidade se apresenta: "Jamais negocie com a preguiça. Ela sempre ganha!" Nessa hora, faço o que precisa ser feito: calço os tênis e parto para os meus cinco quilômetros diários. Ao chegar na porta do prédio, São Pedro trata de dar alguns argumentos adicionais para a preguiça, e a chuva aperta consideravelmente. Lembro que posso molhar meu celular, que só trouxe aquele par de tênis para os treinos e por aí vai. Percebendo o meu recuo, o mantra entra em ação novamente. Eu simplesmente começo a correr e logo me esqueço da chuva, decido deixar para depois a preocupação com os tênis e, trinta minutos mais tarde, estou de volta ao apartamento. Molhado, cansado, realizado e pronto para as delícias gastronômicas de Nova York.

Esse conflito acontece todos os dias comigo. Se eu permitir, retorno à minha essência, que é o sedentarismo. Não negociar com a preguiça é diferente de não ter preguiça. Todos temos preguiça em alguma área da vida, mas precisamos agir contra ela.

E isso se aplica a tudo: ao sedentarismo, à desorganização, ao ato de deixar as coisas para depois, a ser assertivo, a estudar, a estar mais presente, a economizar, enfim, a tudo aquilo que você permite que a preguiça tome conta por você.

E qual é o remédio?

É claro que essa frase não é a solução para os seus problemas, mas o conceito que a abrange, sim. Troque a inércia pelo ENGAJAMENTO. Quando você está engajado, existe um sentido maior para dar os passos necessários rumo aos seus objetivos. Engajamento é fazer a coisa certa na hora certa e ser livre para tomar essas decisões.

Se você não se engajar pelas suas próprias causas, mais cedo ou mais tarde vai ser obrigado a fazer por pura obrigação. Se não se engajar com a sua saúde agora, algum médico vai obrigá-lo a fazer isso ou você vai morrer. Se não se engajar com a sua carreira, a necessidade vai obrigá-lo a isso e você vai ser forçado a trabalhar em algo que não quer para sobreviver. Se você não se engajar com a sua família, a culpa vai se encarregar de cobrar isso em algum momento.

Não negociar com a preguiça é dar um recado para o seu sistema de uma vez por todas: aqui quem manda sou eu!

Eu o convido a experimentar o engajamento e a assumir definitivamente o controle daquilo que é e sempre foi seu: a sua vida!

VOCÊ É **ENGAJADO** OU **COMPROMETIDO**?

Antes de mergulhar fundo nos conceitos sobre engajamento, que tal avaliarmos o estado atual de aplicação desse conceito na sua vida?

Vamos fazer um teste simples para nortear o seu aprendizado. O teste aborda dez pontos que envolvem o engajamento em uma perspectiva ampla. Ao final de cada ponto de conexão, recomendo que você faça os testes propostos levando em consideração aquele aspecto da sua vida.

Quero começar por este mais amplo, assim a sua visão e o seu entendimento sobre o tema poderão se aprofundar.

Marque **V** para verdadeiro ou **F** para falso para as perguntas abaixo:

- [ ] Você sente que emprega o máximo dos seus recursos racionais e emocionais no cotidiano?
- [ ] Ou sente, ao final do dia, que o seu empenho poderia ter sido mais intenso?
- [ ] Um considerável esforço emocional é necessário para realizar as suas ações cotidianas? Existe sofrimento só de pensar nos seus afazeres?

- ☐ Existe concentração no que você faz? Você se percebe 100% presente no seu cotidiano?
- ☐ Seus objetivos são claros? Você sabe aonde quer chegar?
- ☐ Você tem uma sensação de gratidão frequente, como se a vida o tivesse premiado com momentos de profunda realização?
- ☐ Seu envolvimento é intenso e natural? Você quer realmente estar onde está? Se pudesse escolher, estaria vivendo esse cotidiano?
- ☐ Existe uma sensação de controle? Você sente que tem poder de decisão na maior parte de suas atribuições cotidianas?
- ☐ Você é congruente com os seus valores? Quando está vivendo o seu cotidiano, sente-se bem, uma pessoa completa?
- ☐ Ou algumas vezes sente que está ferindo alguns valores importantes para você?
- ☐ Você sente total domínio para realizar as suas atribuições? Existe um método claro e eficaz que conduz as suas ações?
- ☐ Existe continuidade nos seus hábitos cotidianos?
- ☐ Ou você está sempre recomeçando as suas rotinas?

Resultado: não existe um resultado para esse teste. O que existe é a sua própria conclusão.

Repita esse teste depois de ler o capítulo a seguir, "Por que ENGAJAMENTO?" e depois de cada ponto de conexão. Certamente isso vai ajudá-lo a refletir sobre diversas áreas da sua vida.

POR QUE ENGAJAMENTO?

Produtividade, gestão do tempo, disciplina, foco, fazer mais com menos, motivação, comprometimento, desempenho, eficiência... Conceitos amplamente difundidos, buscados e frequentemente não alcançados pelas pessoas e organizações. Habilidades e comportamentos que visam, no final das contas, alcançar o tão almejado RESULTADO.

No meu último livro, *Resultado: A liderança além dos números*, defendi com unhas e dentes a tese de que o FOCO NO RESULTADO é inútil, pois o resultado é apenas a consequência da aplicação do nosso desempenho. Isso é óbvio, mas o óbvio também precisa ser dito: quanto melhor o desempenho, mais resultados. Logo, o contrário é verdadeiro.

Durante as minhas andanças pelo país, ministrando palestras, treinamentos, realizando processos de mentoria e vivendo o cotidiano de muitas organizações, uma pergunta se tornou inevitável: se o desempenho leva ao resultado, o que nos leva ao melhor desempenho?

De todos os fatores que busquei nos estudos e análises das minhas consultorias, consigo responder a essa pergunta com uma única palavra, simples, mas complexa: engajamento. Então, começo este livro com uma constatação: as pessoas mais brilhantes que conheci têm em comum esse comportamento: o pleno engajamento.

O engajamento explica tudo: a disciplina, a perseverança, a resiliência, o foco, a superação, a maestria, a ética... Não há pleno desempenho sem pleno engajamento.

Então, a pergunta que fica é: *por que é tão difícil conquistar o engajamento?*

A própria definição da palavra já mostra a sua complexidade:

> Engajar é um verbo da língua portuguesa referente ao **ato de participar de modo voluntário de algum trabalho ou atividade.**

Eu também gosto de dizer que engajamento é **fazer por livre e espontânea vontade o que precisa ser feito.** Perceba que a palavra de ordem do engajamento é **liberdade.** Fazer porque deseja fazer. E isso independe de gostar ou não do que precisa ser feito. O fator crucial é o querer fazer, mesmo que isso implique em um grande esforço. Para tanto, precisamos avaliar esse esforço:

1. **Esforço natural da atividade:** aquele esforço que vem da dedicação física e mental, da entrega, dos prazos etc.
2. **Esforço emocional:** aquele decorrente da luta interna contra o "não querer fazer". O desejo de rejeitar a atividade, de recusar o compromisso, a tarefa.

NÃO NEGOCIE COM A PREGUIÇA

Quando o esforço é emocional, é um grande sinal de que não há engajamento, e sim um fator externo que nos obriga a realizar determinada ação.

A maioria das pessoas não consegue lidar bem com essa questão e passa a vida lutando contra os seus desejos de não fazer em vez de aprender a transformar a sua participação. São essas pessoas que aceitam uma vida medíocre, com poucas realizações. E não estou falando ainda sobre realizações financeiras, metas; refiro-me apenas ao sentimento de realização — algo valioso, que enobrece a alma.

Percepção e engajamento: uma relação intransponível

Interrompa por um minuto esta leitura e olhe ao redor. Se estiver em um lugar reservado, ligue a TV ou olhe rapidamente as suas redes sociais. Faça isso! Sério! Inevitavelmente, nesses poucos segundos, você viu pessoas, talvez na rua, no café, no metrô, no Instagram. Diferentes culturas, estilos, tribos, etnias, crenças, e só posso afirmar uma coisa: todas, sem exceção, têm uma percepção estabelecida que as ajuda e, em alguns casos, sabota. E essa percepção determina todas as ações e decisões desses indivíduos, inclusive a maneira de se engajar com os seus papéis na carreira, nos negócios e na vida.

Lido com pessoas todos os dias; esse é o meu trabalho. E, quando posso dar um conselho a elas, eu digo: aprenda a dizer mais "sim" do que "não". É um conceito que parece inverter o que já ouvimos sobre disciplina, estilo de vida saudável, foco. Na verdade, é uma forma de dizer a coisa certa para o nosso sistema interno e dar um choque em nossa percepção.

Fazer dieta não precisa significar uma vida de restrições. Quando fazemos imposições a nós mesmos, o "não" ao que gostaríamos de comer demanda um intenso esforço emocional. É preciso mudar a percepção. Em vez de dizer "não" àquilo que nos faz mal, diga "sim" às coisas que nos fazem bem e nos conduzem a uma vida longa, saudável, plena.

Trabalhar temporariamente em algo de que não gostamos faz parte da construção de uma carreira. Tornar isso um martírio é opcional. Em vez de dizer "não" a uma atividade indesejada, repetitiva, sem aparente sentido, diga "sim" ao aprendizado, à experiência, ao investimento na carreira. Ser medíocre no presente não vai ajudar você a conquistar um futuro brilhante.

O seu relacionamento amoroso não precisa perder o brilho. O termo "entrar na rotina", tão utilizado para ilustrar o fracasso de uma relação, precisa ser repensado. O problema não é a rotina, e sim saber de qual rotina estamos falando. O perigo está na rotina de deixar os assuntos difíceis para depois ou, pior, fingir não perceber os sinais de uma vida monótona. Em vez de dizer "não" para a famosa discussão de relação, diga "sim" ao diálogo aberto, ao ajuste de rota no tempo certo. Quero falar de uma coisa que pode servir para qualquer outro exemplo da vida: é mentira aquela história de que "casamento é assim mesmo". Não é! Não permita que as pessoas frustradas convençam você de

NÃO NEGOCIE COM A PREGUIÇA

que uma vida medíocre é normal. Casar não é sinônimo de perda de apetite sexual, passaporte para engordar e horas intermináveis em frente à TV. Isso acontece porque nós vamos permitindo que essa rotina se instale. Portanto, diga "sim" à conversa franca e imediata e corrija a sua participação. Aliás, guarde esta palavra: *participação*. Ela vai ser muito utilizada neste livro.

Quando nos damos conta de que a nossa percepção determina tudo em nossa trajetória, entendemos que ajustá-la é vital para uma trajetória mais engajada. A vida me ensinou e minha profissão tratou de potencializar alguns modelos mentais que destroem o nosso potencial de engajamento e realização. Vou destacar três logo nesta introdução, e os demais nós vamos desvendando no decorrer do livro. Vamos a eles:

1. **A disciplina vem da motivação:** por favor, destrua esse modo de pensar o quanto antes, ou os seus projetos vão fracassar continuamente. A disciplina não vem da motivação; a motivação vem da disciplina. A disciplina vem da constância e dos resultados obtidos dessa ação consistente. Quando o nosso sistema interno reconhece o valor da ação, desencadeia um enorme sentimento de realização que nos move a continuar realizando aquilo com frequência. Isso gera disciplina, e, como consequência, nós nos sentimos motivados. Portanto, aprenda: disciplina gera motivação!

2. **Tudo tem seu tempo para acontecer:** pensamento típico de quem não se move ou não coloca intensidade

e método nas suas ações. Vamos falar muito desses dois conceitos neste livro. Quem mede esse tempo? Como descobrir isso? Nós fazemos o nosso tempo de acordo com a energia que colocamos em nossas ações cotidianas. Emagrecer leva quanto tempo? De quanto tempo eu preciso para conquistar minha independência financeira? Qual é o prazo para alcançar uma posição de destaque na empresa? Não existe um tempo definido; nós sabemos disso, mas nos enganamos. Algumas pessoas levam anos para conquistar essas coisas, outras muito menos, e muitas jamais conquistam. Então, não existe um tempo: você faz o tempo de acordo com a sua intensidade, preparo e ação.

3. **As coisas se ajeitam:** não, elas não se ajeitam. A crise no seu relacionamento não se ajeita; talvez continue mascarada e leve vocês dois a uma vida fracassada juntos. As coisas não vão se ajeitar se nada for feito. A sua dívida no banco não vai sumir se você não negociar. As suas vendas não vão aumentar se você não fizer algo diferente. Essa percepção de que os problemas se resolvem sozinhos é extremamente perigosa, pois nos acomoda em situações que podem destruir a nossa vida. De uma vez por todas, entenda: as coisas não se ajeitam; você é que ajeita as coisas!

Testando as suas percepções

O texto abaixo tem a ver com derrota e duas possibilidades diferentes de percepção. Após a leitura, reflita: **com qual dessas possibilidades eu me identifico mais?**

A derrota

A vida é a melhor de todas as mães. Ela nos submete às mais diversas situações sem nenhum pudor ou receio das consequências. Ela nos leva a extremos num piscar de olhos, sem se importar se estamos dispostos a isso ou não. Não adianta chorar, implorar ou se esconder: ela vai testá-lo a todo momento.

A vida não nos dá nada sem nos fazer provar que somos merecedores. Em vez de nos presentear com conquistas, ela nos coloca diante de inúmeras oportunidades, algumas facilmente perceptíveis, outras nem tanto, mas essa é a forma mais digna de nos tornar protagonistas da nossa história.

É por isso que ninguém constrói uma trajetória sem provar o gosto amargo da derrota. Mais cedo ou mais tarde, ela vai chegar. Perder dói, machuca, maltrata, consome, mas é a maior de todas as oportunidades que a vida nos oferece.

A derrota traz à tona aquilo que a vitória insiste em camuflar. É impossível ficar indiferente diante de uma derrota, mas poucos desfrutam do imenso poder de transformação que ela nos proporciona.

Não pense que a derrota existe para ser superada: ela acontece para ser encarada. Encarar a derrota é estar atento a todos os sinais que ela transmite. É mergulhar de cabeça, por mais doloroso que possa ser, e buscar as respostas necessárias para seguir em frente.

A derrota não é uma punição da vida: é uma oportunidade. Portanto, ela não pode trazer consigo culpa, rancor, remorso, raiva. Ela deve ser uma fonte de energia, investigação, aprendizado e gratidão pela chance de conquistar o maior de todos os patrimônios de um ser humano: a maturidade.

Jamais confunda derrota com fracasso. Derrota é oportunidade, fracasso é desistência. Fracassar é transformar a derrota em rancor e não valorizar a grande chance de evoluir e tomar impulso para a vitória.

De todas as certezas que eu tenho na vida, uma é incontestável: quanto mais longe desejamos chegar, mais caro é o preço que a vida vai cobrar. Mas, como eu já disse, a vida é a melhor de todas as mães, e o preço que ela cobra é convertido em oportunidades para a nossa evolução. Eu não sei aonde você vai chegar, mas você precisa pagar esse preço.

Convivo com histórias de derrotas todos os dias. Seja no momento de crise de uma empresa, na derrocada do mercado financeiro, nos distúrbios políticos, na carreira, nos negócios, na vida, enfim, sempre que algo foge do esperado e nos lança em um ambiente desfavorável, o sentimento de derrotismo se faz presente, e, então, duas percepções são apresentadas:

1. **A percepção do precipício:** quantas histórias conhecemos de pessoas que jamais se reergueram depois de uma derrota? O momento causou um impacto tão

NÃO NEGOCIE COM A PREGUIÇA

forte que deixou barreiras aparentemente intransponíveis, que impedem o indivíduo de perdoar o passado e de se permitir viver um novo momento. Diante desse cenário, tudo o que enxergamos é um precipício. A mente é invadida por pensamentos de inferioridade, culpa e remorso, capazes de turvar a visão para novas possibilidades e oportunidades. É muito difícil viver o presente sem perdoar o passado. Existe uma forte tendência ao desânimo quando o assunto é recomeçar. Imagine a seguinte situação: dediquei duas horas do meu dia para escrever este texto. De repente eu cometo o erro (que não pode ser cometido) de não salvar o arquivo e, sem mais nem menos, o aplicativo se encerra, fazendo-me perder tudo o que escrevi. Certamente vou dedicar alguns minutos a amaldiçoar o desenvolvedor do software, depois vou me culpar profundamente pelo descuido, mas logo percebo que preciso reescrever o texto. Irritado, decido fazer isso no dia seguinte e, quando recomeço a escrever, nada acontece. Tento relembrar o que havia escrito, as frases que utilizei, exemplos etc. Eis o grande erro: não perdoei a minha falha. Eu não quero recomeçar; quero continuar de onde parei. Exijo que a minha memória recorde cada palavra, mesmo sabendo que um novo texto poderia, inclusive, ser melhor do que o anterior. Mas eu não quero recomeçar, não me permito desperdiçar um tempo que já havia sido investido. Guardadas as devidas proporções, nós agimos assim sempre que uma derrota exige um recomeço. Onde eu guardo a vaidade, o orgulho, o meu passado de conquistas? Na situação que eu descrevi, muitas pessoas prefeririam engavetar o artigo a reescrevê-lo, assim como desistem do recomeço para viver uma vida de lamentações. Essa desistência nem sempre é um processo consciente; na maioria das vezes não é, mas nossas ações claramente retratam tal atitude. O precipício pode parecer a forma mais fácil de agir, mas não se engane: é o jeito mais turbulento de viver. Afinal, o desgaste para carregar uma vida de lamentações e lamúrias é imenso. Recomeçar o texto vai dar muito trabalho. Desistir é mais fácil, mas só a curto prazo. A dor da frustração por não ter conseguido concluir a tarefa vai perdurar por muito mais tempo do que as duas horas dedicadas ao novo conteúdo.

2. **A percepção da montanha:** enquanto muitos decidem saltar do precipício, outros sacodem a poeira, tratam os machucados e retomam a escalada. E essa escalada não é fácil; ela é dura, pois traz consigo a dor da derrota, a culpa, a vergonha, os prejuízos, enfim, tudo o que lhe custou aquele momento. Mas, se o fardo é tão pesado, por que as pessoas ainda insistem na escalada? Essa é a pergunta: por quê? Não há resposta certa ou errada; existe apenas o motivo, seja ele qual for. Você sabe, mais do que qualquer um, que essa escalada vale a pena, que ela tem um sentido maior que, quando alcançado, vai trazer toda a realização que você almeja para a sua vida. Só que, mesmo tendo esse motivo tão claro, isso não garante

NÃO NEGOCIE COM A PREGUIÇA 37

que você vá chegar ao topo da montanha novamente. É preciso colocar em ação três palavras essenciais: **perdão**, **reinvenção** e **fé**. Perdão para compreender que todo ser humano é passível de erros e que eles fazem parte da nossa caminhada; reinvenção para garantir que os mesmos erros não vão ser cometidos; e fé para tornar o caminho mais confiante e instigador. Ainda que você, num primeiro impulso, tenha optado por pular do precipício, pode decidir pela montanha e iniciar a escalada. Desde que coloque em ação o que aprendeu até aqui. Eu não sei o quanto a sua derrota lhe custou, as pessoas que você magoou, o que você perdeu, o quanto doeu; só sei que, se isso for transformado em culpa, a mochila estará pesada demais para a sua escalada. Ao contrário, se tudo isso for transformado em aprendizado e motivação, você vai ser abastecido por uma energia poderosa para retomar o que é seu.

Eu sempre prefiro encarar uma derrota como um momento de virada na minha vida, e, a partir daí, mais maduro, forte e focado, estou disposto a encarar a escalada de uma forma revitalizadora.

Em qual das duas percepções você se encaixa quando as coisas não funcionam como deseja? Isso determina muito da sua trajetória na carreira, nos negócios, nos relacionamentos, enfim, é crucial no momento de decidir entre sucumbir ou se reerguer. E esse é só o início de muitas outras percepções que estão por vir neste livro.

Fiz questão de falar sobre as suas percepções, pois são elas que vão determinar o seu engajamento. Para encerrar este tema, quero que você compreenda um princípio básico sobre percepção:

- Todos sabem que mudar é necessário.
- Todos enxergam os caminhos para a mudança.
- Todos esbarram na resistência interna e externa da mudança.
- Apesar disso, somente a minoria muda; alguns desistem no caminho; a maioria morre antes de tentar.

Ler este capítulo gerou um certo incômodo em você? Espero que sim! E saiba que foi apenas uma pequena amostra do que está por vir. Minha missão é ajudá-lo a fazer mais por você mesmo, por isso vou ser provocativo, às vezes duro, sempre com o intuito de fazê-lo perceber o quanto você pode ir além.

Conte comigo nessa jornada!

ALGUMAS COISAS QUE VOCÊ PRECISA SABER SOBRE ESTE LIVRO

1. **Nada de enrolação, termos técnicos e textos longos.** Eu não quero me vender; prefiro que esta obra seja útil para você. Por isso darei preferência sempre à linguagem simples e direta.

2. **O livro vai abordar o engajamento em diversos contextos da sua vida e em situações cotidianas.** Dessa forma você vai poder decidir onde e como deve aplicar os recursos aprendidos. Não precisa ler o que não lhe interessa, embora eu aconselhe a leitura completa.

3. **Não espere fórmulas mágicas, atalhos ou dicas simplórias.** Estamos falando de engajamento, e se fosse fácil você não estaria lendo este livro.

4. **O livro foi estruturado para que o engajamento comece por você.** Se essa decisão não for tomada logo no início da leitura, não perca o seu tempo e guarde (ou doe) o livro.

5. **Não espere que eu transforme a sua vida.** Eu nunca transformei a vida de ninguém. Ninguém transforma ninguém. Quem promete isso não conhece o processo de desenvolvimento humano ou só está vendendo ilusões. A transformação acontece de dentro para fora, por meio de novas experiências, da ampliação do repertório e da quebra de crenças. E somente você pode fazer isso por si mesmo. Quem atua com desenvolvimento de pessoas precisa deixar a vaidade de lado (alguns, o egocentrismo) e compreender que os profissionais apenas provocam, inspiram e clareiam um novo modo de pensar e agir. E isso não é transformação. A transformação ocorre na ação consistente, permanente e engajada. Se você precisa do seu coach para ter disciplina, saiba que vocês dois estão fazendo um péssimo trabalho juntos. O trabalho de um desenvolvedor de pessoas é garantir a autogestão, fazendo com que você, a partir do processo vivenciado, aproprie-se do aprendizado e conduza a própria transformação. Não busque a transformação em ninguém: ela está aí dentro. Eu posso desenvolvê-lo, mas o restante é com você!

Cuidado com os gurus da motivação

Vou falar muito sobre isso ao longo deste livro, pois não quero que você faça parte do exército de frustrados criados por esses irresponsáveis. E quero começar com cinco alertas:

NÃO NEGOCIE COM A PREGUIÇA

Alerta nº 1: Sua vida não vai mudar em um fim de semana

Vou lhe provar isso nesta obra. O que muda a sua vida é o seu engajamento, e você vai ver que isso é muito mais do que frases de impacto, andar em brasas ou dar gritos e abraços no treinamento. O engajamento dá trabalho e exige método, intensidade e frequência.

Alerta nº 2: Mire nas estrelas e seja um frustrado

Essa história de que pensar grande e pensar pequeno dá o mesmo trabalho é uma daquelas frases que me dão muita preguiça. Aliás, pode até ser que pensar e somente pensar dê o mesmo trabalho, mas, quando você vai para a ação cheio de ilusões (pode chamar de sonhos, ambição), a chance de se frustrar é muito grande. Vejo tantas pessoas abrindo suas startups e querendo que as suas empresas passem a valer milhões em poucos anos. Quando se dão conta de que não é assim que funciona, abandonam os seus projetos. Jovens profissionais saem das universidades inspirados pelos empreendedores de palco, querendo dominar o mundo, mas se esquecem de dar os pequenos passos necessários, nos quais o glamour não está presente como imaginaram. Eu poderia encher páginas e mais páginas de exemplos, mas vou resumir: não mire nas estrelas; concentre-se no próximo passo. Quer pensar grande? Pense, mas invista tempo e energia, de fato, no presente. Isso é participação.

Alerta nº 3: Quando você quer alguma coisa, todo o universo conspira para que você realize o seu desejo

Todos os anos, milhões de pessoas tentam a sorte na Mega-Sena. Considerando essa lógica, é premiado aquele que deseja mais. É isso mesmo? Paulo Coelho, autor dessa frase, que me desculpe, mas o universo não conspira com quem deseja; o universo conspira com quem faz, com quem participa.

Essa lógica me parece aquela aplicada por algumas igrejas. Pedem para você rezar e dizimar com muita fé para alcançar os seus milagres. Se não alcançou, provavelmente a sua fé não foi suficiente.

Percebe o quanto isso é facilmente manipulável? Como é que se pode medir a intensidade do desejo (ou da fé) de alguém?

Você não é do tamanho dos seus sonhos; você é e sempre será do tamanho da sua participação. Pode desejar o quanto quiser: se não colocar intensidade, estratégia e persistência nas suas ações, esqueça.

Os gurus da motivação insistem em falar dessa forma porque é muito mais fácil deixar para o acaso do que ensinar a fazer. E não estou falando de apresentar fórmulas, mas de fazer você se comprometer com o seu método de ação. Esse sim é efetivo e pode ser medido.

Alerta nº 4: Escolha um trabalho que você ame e não terá que trabalhar um único dia na sua vida

Essa frase ajudou a construir um exército de pessoas frustradas. Toda e qualquer profissão tem seus ganhos e perdas.

Você vai passar por momentos incríveis, mas também por situações exaustivas.

Estar no palco retrata o melhor momento do meu trabalho. Eu amo estar ali. Sinto-me realizado, pleno, estou 100% presente. No entanto, para estar no palco, preciso ficar longe da minha família, tenho que viajar muito e confesso que, em diversos momentos, eu me sinto exausto. Esse é o lado ruim, mas faz parte. Não há ganhos na vida sem que haja perdas. Essa é a verdade!

Convivi com milhares de profissionais ao longo da minha carreira — empreendedores, executivos, políticos, atletas — e posso afirmar que todos, sem exceção, vivem momentos de alegria e estresse em suas carreiras.

Acreditar que um trabalho, seja ele qual for, lhe trará 100% de satisfação é um excelente caminho para uma vida de frustrações!

Alerta nº 5: Se você não construir o seu sonho, alguém vai contratá-lo para ajudar a construir o dele

Mais uma daquelas frases que turvam a nossa visão sobre carreira e sucesso. Tony Gaskins, autor dessa citação, que me perdoe, mas isso não faz o menor sentido.

Quer dizer que as únicas pessoas que têm os sonhos realizados são os empresários? E se eu tiver o sonho de construir uma carreira executiva, isso não é válido? Os gurus da motivação precisam compreender que esses conceitos criam muitos profissionais frustrados, pois nem todo mundo tem competência ou desejo de abrir um negócio. E isso nada tem a ver com falta de ambição. Conheço muitas pessoas extremamente realizadas que construíram uma trajetória brilhante dentro de organizações. E também conheço muitos empresários frustrados, que abriram um negócio por pura falta de opção.

O que esses gurus fazem é tentar criar um padrão de sucesso, mas eles se esquecem de que o importante é o que cada um realiza. E, sinceramente, o que há errado em se engajar pelo sonho de alguém e se apaixonar por essa causa?

Pelo amor de Deus, fuja das mentiras motivacionais e siga somente a sua verdade.

DE ONDE VEIO ESSA HISTÓRIA DE ENGAJAMENTO?

Antes de continuar o tema, vamos compreender o início dessa história. Em 2010 lancei o meu primeiro livro, *A reinvenção do profissional*. Nessa obra eu defendi (e ainda defendo) a necessidade de desaprender para aprender o novo e a reinvenção como o comportamento fundamental da era da transformação. Para trazer às pessoas um material mais completo, complementei o conteúdo com um conjunto de recursos técnicos e comportamentos extraídos de um estudo nacional sobre as competências do profissional do futuro, denominado AS CINCO INTELIGÊNCIAS DO PROFISSIONAL DO FUTURO. Entre essas inteligências, uma ganhou grande destaque: visão de resultados. Nas minhas exposições pelo país, ficava clara a confusão que as pessoas fazem e, principalmente, a necessidade de discutir profundamente o resultado.

Isso se tornou tão latente que deu origem ao meu segundo livro, *Resultado*. Nele, eu decidi mergulhar fundo nos conceitos que provocam o resultado, e a minha experiência em processos de coaching com atletas, empreendedores e profissionais das mais diversas áreas me ajudou a concluir que ele é apenas a consequência do nosso desempenho. Então, embora o título do livro seja *Resultado*, todo o debate gira em torno do desempenho.

Quando comecei a me aprofundar nesse tema, uma conclusão ficou muito, mas muito evidente: o engajamento é o fator que provoca o pleno desempenho, ou, como muitos adoram dizer, a alta performance. Nas minhas palestras e treinamentos sobre o tema, o assunto engajamento sempre deixava a plateia atenta, e o feedback frequentemente girava em torno disso. Quando comecei a ensinar e a desenvolver esse conceito nos meus processos de coaching, os resultados se tornaram muito mais presentes. Além disso, falar repetidamente sobre engajamento me obrigou a vivê-lo de uma forma muito intensa, e as transformações na minha vida têm sido cada vez mais evidentes — às vezes surpreendentes. Ao longo do livro vou tratar abertamente dessas transformações, que envolvem diversas áreas da vida: carreira, relacionamento, saúde e muitas outras.

Ainda no âmbito dos fatores que me levaram a estudar e escrever sobre esse tema, uma experiência deixou tudo isso mais forte e a convicção se fez cada vez mais presente.

Fui aprovado para fazer uma imersão no MIT, o Instituto de Tecnologia de Massachusetts, o que, além da realização de um sonho que cultivei por anos, representou a oportunidade de expandir as ideias para uma nova obra.

Foram dez dias em Massachusetts, entre Boston e Cambridge, cidades próximas, belas e cercadas de cultura por todos os lados. Desses dez dias, seis foram passados no

MIT, em imersão. E imersão não é uma figura de linguagem nem um exagero. Quando entra na universidade, você se depara com um bebedouro conectado a um hidrante com uma mangueira de bombeiro. E essa representação deixa claro o lema da instituição: "Estudar no MIT é como beber água direto da mangueira de incêndio!" E eles sabem bem como sustentar na prática esse conceito.

Enquanto contemplávamos o nosso certificado de conclusão, um colega me perguntou: "Alê, o que mais lhe marcou no MIT?" Eu me impressionei demais com o conteúdo do programa denominado *Leading Innovative Teams*, mas confesso que, apesar de enriquecedor, não foi isso o que mais mexeu comigo. A cultura que ouvi, vi e vivi bateu forte aqui dentro. Nunca imaginei que minhas convicções — pessoais e profissionais — pudessem ser tão revisitadas e questionadas em apenas dez dias. E foram! Fui levado a participar de forma intensa de cada etapa, cada momento, cada aula e discussão. Essa foi a minha inspiração para escrever este livro, pois engajamento é a palavra de ordem por aqui.

Então, resolvi sentar um pouco nesse gramado e escrever sobre o meu maior aprendizado, que será o principal eixo de sustentação desta obra: o engajamento é uma conquista.

Como o MIT me inspirou em tão pouco tempo?

Eu vivi **uma cultura que não negocia os compromissos firmados**. Horários são cumpridos à risca, prazos são cobrados e não existe a possibilidade de não entregar o que foi prometido. Além de muitas histórias que ouvi dos alunos do MIT sobre a inflexibilidade desse valor, vi essa realidade se confirmar em aula o tempo todo. O professor nunca entrou na sala perguntando: "Turma, vocês leram o estudo de caso que passei ontem?" Ele sempre dizia: "Vamos iniciar a discussão do nosso estudo de caso." Em seguida, escolhia alguém aleatoriamente e perguntava a opinião dessa pessoa. Ou seja, não havia — na visão dos professores — a menor possibilidade de algum aluno não ter feito a sua parte.

Eu ouvi, vi e vivi **uma cultura que aplica a meritocracia na essência**. Você pode ser o reitor do MIT e, ainda assim, não vai conseguir que o seu filho estude na instituição sem que ele seja aprovado em todos os processos de avaliação. E esse conceito se reflete na concessão de bolsas de estudos, nas parcerias e nas pequenas ações em sala de aula. Os professores valorizam muito a participação dos alunos. Eu sou naturalmente participativo, e, num ambiente que provoca isso, a minha atuação é muito presente. Então, questionei, perguntei, comentei em todas as oportunidades. E percebi que o professor gravou meu nome e, por vezes, durante os módulos, pediu a minha opinião, utilizou exemplos do que eu tinha dito e fez algumas citações sobre o meu trabalho. Se você participa, recebe mais atenção.

Vivi **uma metodologia de ensino instigante** que consegue fazer o aluno mergulhar, vivenciar e traduzir o conteúdo para o seu cotidiano. Todas as aulas seguem quase que um mantra extremamente eficiente: reflexões e percepções > estudo de caso > reflexões e percepções > visão do professor > reflexões e percepções > exercícios > percepções e

NÃO NEGOCIE COM A PREGUIÇA 49

reflexões. Cerca de 70% da aula é composta pela participação intensa dos alunos. Não existe passividade; o aluno é o protagonista.

Eu vi **humildade e o valor das coisas simples**. Não existem "gurus" no MIT. Não ouvi, em nenhum momento, os professores dizerem "eu tenho certeza...". A visão e as experiências dos alunos são valorizadas o tempo todo, e o professor amplia a nossa percepção com a sua experiência; quando somadas (ou multiplicadas), elas resultam em visões além das certezas absolutas. Embora sejam ph.Ds e ultraespecialistas em suas áreas, não se posicionam assim. Fazem questão da proximidade, do diálogo franco, da troca de ideias. Tive vergonha de me considerar um especialista e retirei essa palavra de todos os locais em que me apresentavam assim. Preferi substituir por "curioso e eterno estudioso". Outra coisa que me chamou a atenção foi que, embora os prédios e salas de aulas sejam modernos, os professores utilizam giz e quadro-negro nas suas aulas. Aprendi que simplicidade é inovação.

Eu vi **uma curiosidade fascinante pelas pessoas**. Não somente no MIT, mas em toda a cidade. No Uber, nas lojas, nos restaurantes, as pessoas puxam assunto e querem saber sobre você. Boston e Cambridge são cidades com uma diversidade cultural extrema, pois estudantes de todo o mundo buscam aquelas instituições para as suas formações. Logo, o diferente é bem-vindo. E no MIT isso é ainda mais presente. Cheguei mais cedo no segundo dia de aula, estava lendo alguns materiais, quando a diretora global, Clara Piloto, abordou-me e quis saber mais sobre a minha profissão, minha carreira etc. Imediatamente, ela pediu para me seguir nas redes sociais e, na manhã seguinte, disse que havia ficado admirada com o meu trabalho no Brasil. Conversamos todos os dias sobre diversos assuntos. E isso se repetiu com o professor David Niño. Perceba como esse comportamento faz total sentido quando se trata de uma instituição que desenvolve as mais avançadas tecnologias do mundo. Sem curiosidade, não existe inovação.

Eu ouvi e vi **uma filosofia aplicada com êxito**: "No MIT nós queremos transformar o mundo!" Os alunos são encorajados a ter ideias transformadoras e a não pensar apenas em uma graduação. Nós visitamos duas startups fundadas por alunos do MIT. É impressionante o que elas estão fazendo. Ambas têm, obviamente, as suas perspectivas financeiras, mas também têm a função clara de melhorar a sociedade. Sem um propósito claro, a inovação não faz sentido.

Em resumo, posso afirmar:

1. Não é à toa que **40% dos alunos do MIT se tornam empreendedores** e o faturamento das suas empresas soma 1 trilhão de dólares. Se esse conglomerado de empresas fosse um país, estaria entre as dez maiores economias do mundo.

2. Estão muito claros os motivos pelos quais **200 vencedores do Prêmio Nobel** saíram da Massachusetts Avenue, que, em 2,5 quilômetros, comporta a universidade Harvard e o MIT.

3. **A humildade é a essência do MIT**. A inovação está no olhar curioso e na atitude de eterno aprendiz. O

orgulho e a dificuldade de conceber que não existem certezas são os principais sabotadores do pensamento criativo.

4. **Não precisamos de "gurus" para nos motivar**, e sim de grandes seres humanos, estudiosos e generosos, a nos inspirar para o melhor aprendizado. Os "gurus" se esquecem de que o protagonismo não pode estar no facilitador.

5. **E**volução constante, curiosidade pelo outro, respeito **aos compromissos firmados e propósito claro** são os valores que eu trago para a minha vida, a minha carreira e os meus negócios.

Por fim, se eu pudesse responder em uma frase o que mais me marcou no MIT, eu diria: **"A resposta sempre está no engajamento."**

NÃO CONFUNDA ENGAJAMENTO COM COMPROMETIMENTO

Impossível seguir neste tema sem que você compreenda a diferença básica entre esses dois conceitos. Vou deixar você analisar:

Comprometimento	Engajamento
Fazer por necessidade o que precisa ser feito	Fazer por livre e espontânea vontade o que precisa ser feito

Percebeu a diferença?

A pessoa comprometida faz porque precisa; a engajada faz porque quer. Em resumo, é necessidade x liberdade. Então, podemos afirmar que uma pessoa pode ser comprometida e não ser engajada. Posso estar comprometido com um relacionamento, mas não necessariamente engajado em fazer dar certo. E isso se repete na carreira, nos negócios e na vida.

Quando falamos em desempenho pleno, o engajamento se faz necessário. Não se alcança uma performance exemplar por necessidade; é preciso estar 100% livre para tomar decisões e seguir sem amarras emocionais.

Você deve estar se perguntando: "Mas qual é o problema de ser comprometido?" Não há problema algum. Ao fazer esse questionamento, você deve estar comparando pessoas comprometidas com pessoas que nos irritam com a sua incapacidade de fazer o que deveriam. Mas nem estou falando dessas pessoas; eu não perderia o nosso tempo com isso. Se você está lendo este livro, é por um motivo óbvio: deseja ir além, quer desempenhar mais, ter melhores resultados e enxergou valor na palavra "engajamento". E só vai conquistar o engajamento se compreender o real valor desse conceito.

As pessoas passam uma vida se comprometendo com os seus papéis, mas vivem realidades constantes de frustrações. Decidem se casar e são infelizes; escolhem suas profissões, aceitam trabalhos e não se sentem realizadas; têm orgulho de viver em um país democrático, mas não votariam se não fossem obrigadas; querem independência financeira, mas não controlam o seu orçamento; desejam ter uma vida e um corpo saudável e iniciam todas as segundas-feiras as suas dietas intermináveis. Eu poderia citar inúmeros exemplos, e todos esbarrariam em uma única palavra: engajamento. As pessoas querem, assumem seus compromissos, mas não se engajam.

Eis aqui a grande diferença e o início de uma viagem que faremos juntos a partir deste momento: comprometimento é decisão; engajamento é participação. Comprometimento sem participação gera resultados de curto prazo, pois jamais leva ao pleno desempenho.

Este livro é sobre engajamento, mas bem que poderia ser sobre participação, pois é a regra vital para que a vida tenha alguma chance de valer a pena.

O poder da participação

Vamos começar este tema com uma constatação: você não pode obrigar ninguém a ser engajado. Se fizer isso, deixa de ser engajamento, pois se perde o principal conceito dessa atitude: a liberdade. É impossível acordar pela manhã e decidir ser engajado. O engajamento é uma conquista. Portanto, o engajamento não é um fator racional, e sim emocional.

Se não há razão nesse processo, não existe fórmula ou segredo; existe PARTICIPAÇÃO.

E a participação tem uma força indescritível nesse processo, pois dá início a um ciclo poderoso na conquista do engajamento:

> **Participação > Desempenho > Resultado > Reconhecimento > Realização**

Perceba a força desse ciclo. Quanto mais você participa de algo, melhor é o seu desempenho. Quanto melhor o desempenho, mais resultados são alcançados. Se você alcança resultados, naturalmente conquista o reconhecimento — interno e externo. E o reconhecimento gera realização, pois traz aquele sentimento de dever cumprido. E o sentimento de realização o impulsiona a participar mais, iniciando um ciclo virtuoso.

E o contrário também é verdadeiro:

> **Pouca participação > Baixo desempenho > Resultados ineficazes > Reconhecimento inexistente > Frustração**

Se você não participa ou participa de modo ineficaz, desempenha pouco, tem resultados ruins, não merece reconhecimento e a frustração se faz presente. Logo, a frustração o faz participar menos e o ciclo vicioso está instalado.

Agora reflita: em qual ciclo você está? Como você tem participado da sua vida? Será que você consegue compreender por que algumas pessoas vivem uma vida de realizações, enquanto outras lamentam suas frustrações?

Essa introdução sobre participação vai nos nortear para o propósito deste livro: intensificar a sua presença em diversas áreas da vida, permitindo que o seu desempenho alcance o nível desejado e amplie os seus resultados e as suas realizações.

Convido você a abrir o coração, revistar as suas crenças e ampliar as suas percepções para o engajamento. Vamos juntos?

A primeira percepção que você precisa ajustar está relacionada justamente à participação. A maioria das pessoas que desenvolvi tem uma grande dificuldade para participar de forma efetiva.

Existe uma máxima no mercado que diz: **faça o melhor que você puder!** Que leitura você faz disso? Aliás, como você consegue mensurar se fez o melhor? Essa é a questão: não podemos mensurar. Esse conceito mascara a nossa participação e serve como uma desculpa infalível para aqueles que não entregam e que, quando questionados, dizem: "Eu fiz o meu melhor!"

Pelo amor de Deus, exclua essa frase do seu repertório. A partir de agora você não vai fazer o seu melhor. Você vai **FAZER O QUE PRECISA SER FEITO.**

Consegue compreender a diferença entre os conceitos? É simples: fazer o que precisa ser feito é mensurável, é claro e está nas suas mãos.

O que define quem faz o melhor e quem faz o que precisa está em uma única palavra: MÉTODO. Exatamente. Se você tem método, sabe se está fazendo o que é preciso ou não. Quando o caminho não está claro, você está nas mãos do acaso.

Meu amigo e coachee Rafael Maciel (não vou usar um nome fictício, pois ele me permitiu contar sua história aqui) aprendeu isso durante o seu processo de coaching. Havíamos traçado diversas metas, e uma delas o enchia de expectativas: escrever o seu primeiro livro. Advogado, jovem, bem-sucedido e dotado de uma inteligência ímpar, nada se apresentava como um grande sabotador a não ser ele mesmo. Portanto, estava claro que precisávamos ajustar — e muito — a sua participação para a construção desse projeto.

Fizemos o que precisava ser feito: organizamos uma agenda, definimos as prioridades, ajustamos a rotina da sua equipe, definimos horários e um local para escrever o livro, enfim, nos calçamos de todos os lados. E o resultado disso: nada de escrever o livro. Continuamos com os ajustes e nada. Até que, um dia, decidimos avaliar calmamente os sabotadores. Não faltava motivação nem interesse em escrever. Era algo que mexia racional e emocionalmente com ele, logo, tínhamos que investir com mais energia na mudança de percepção que prejudicava a conquista do engajamento. Lembro-me exatamente da conversa que tivemos:

"Maciel, o que aconteceu esta semana que prejudicou o planejamento?"

"Fiz tudo o que nós tínhamos programado: bloqueei minha agenda, deixei o celular com a secretária, pedi para não ser incomodado e comecei a escrever..."

Veja que havia um método sendo executado. Mas agora perceba a importância de ir fundo na construção desse método.

"... só que, depois de alguns minutos, a secretária veio me interromper dizendo que a minha esposa telefonou para avisar que o cachorro da minha filha estava doente e que eu precisava levá-lo ao veterinário. Tive que parar e socorrer o cachorro. Acabou que não consegui mais retornar à escrita."

Reflita comigo: o que estava acontecendo? Esses imprevistos — pessoais e profissionais — atropelaram a semana. Ele tinha um método e fez o melhor que poderia ter feito, mas isso não o ajudou em nada. Você deve estar pensando: mas, Alê, os imprevistos eram reais. Ele fez o que pôde. Eu

NÃO NEGOCIE COM A PREGUIÇA

sei disso, não sou insensível, mas ele não me contratou para entendê-lo, e sim para guiá-lo rumo aos seus objetivos. Então, não me interessa que ele tenha feito o melhor: a questão crucial é que ele não fez o que precisava ser feito.

Nossa conversa continuou:

"Maciel, me diga uma coisa. Qual é a atividade mais importante do seu escritório? Algo que você jamais poderia deixar de fazer?"

"Eu jamais posso faltar a uma audiência. Se fizer isso, o meu cliente pode perder uma causa, e isso seria imperdoável."

"Então, se você estivesse em uma audiência e o cachorro da sua filha tivesse um problema, você interromperia o julgamento e sairia para socorrê-lo?"

"Evidente que não! Provavelmente eu nem veria as ligações, e a minha esposa daria outro jeito."

"E por que o seu objetivo de vida é menos importante que o objetivo do seu cliente? O que está faltando para você definir o seu livro como uma real prioridade e colocar o mesmo grau de importância nele?"

"Cara, é verdade. Eu nunca tinha pensado dessa forma. Se é importante, tem que ser prioritário, e as pessoas precisam respeitar."

"Mais do que isso, amigo: **você** precisa respeitar!"

Essa conversa foi vital para revermos o método. Estava tudo correto, menos o grau de importância que ele estava atribuindo ao seu projeto. A revisão do nosso método contou com uma mudança de *mindset* em relação à atividade de escrever o livro. Ele não ia mais fazer o melhor possível, ou seja, dedicar o que sobrasse de tempo para essa tarefa.

Ele passou a fazer o que precisava ser feito: oito horas por semana dedicadas a escrever o livro.

Isso é método: **fazer a coisa certa na hora certa**. Para isso você vai precisar desenhar um plano consistente e atribuir o valor certo a ele. Caso contrário, a sua participação será afetada.

E a regra é clara: quanto mais você aplicar o método, melhor será a sua participação, e o ciclo virtuoso será instalado.

FREQUÊNCIA OU INTENSIDADE? QUAL É A MELHOR DECISÃO?

Eu queria muito ter uma resposta simples e direta para você, mas não tenho. Quando se trata dessa questão, precisamos analisar fator por fator para decidir o que vai impactar diretamente no nosso desempenho.

Frequência importa e intensidade importa. A pergunta fundamental é: o que é mais importante?

Vou exemplificar com duas situações distintas e reais.

Maria, 35 anos, sedentária confessa e, como consequência, 26 quilos acima do peso ideal. Procurou o processo de coaching após assistir a uma palestra minha. Não fui o seu coach, mas frequentemente ela buscava minhas orientações nas redes sociais, afinal eu passei por um processo de emagrecimento e conto isso em diversas ocasiões. Naturalmente, ao tomar a decisão, ela se motivou e se comprometeu com a mudança. Procurou um nutricionista, fez os exames necessários, matriculou-se em uma academia, enfim, iniciou como tinha que iniciar. Mas essa motivação também trouxe um senso de urgência, então ela começou com força total, treinando todos os dias, alimentando-se bem, e todo o seu foco estava nessa meta de conquistar um novo estilo de vida. Quando ela me contou da sua decisão e sobre o quanto estava feliz com esse início, fui obrigado a questioná-la: "Por quanto tempo você consegue sustentar essa frequência e essa intensidade?" Ela me respondeu: "Esse é o meu maior medo. Não quero recuar!" Foi quando ela me perguntou: "O que é melhor: fazer mais dias da semana ou atividades mais intensas?" Minha resposta: "Qual frequência você suporta fazer com intensidade a longo prazo?" Não adianta fazer trinta minutos por dia de atividades monótonas, muito menos duas horas de atividades desgastantes que certamente não se sustentarão mais do que alguns dias.

Encontre algo que você consiga fazer com intensidade e frequência. Talvez você não suportasse cinquenta minutos de uma aula de crossfit, mas praticaria duas horas de tênis sem pestanejar. Então, a segunda opção é a ideal para adotar na sua rotina.

Vamos refletir sobre isso na área de vendas. O que é melhor para um vendedor: intensidade ou frequência? É melhor um vendedor que faz muitas visitas por dia sem um método ou aquele que faz menos visitas com profundidade, analisando cada cliente, entendendo as suas necessidades e apresentando uma proposta customizada? Obviamente o segundo se mostra melhor. No entanto, precisa existir um equilíbrio nessa equação.

Vamos analisar esse caso específico:

NÃO NEGOCIE COM A PREGUIÇA

Frequência Número de clientes visitados por semana	Intensidade Profundidade: análise do mercado, estudo das necessidades dos clientes, customização das propostas
20	PRECÁRIA
10	ALTA
2	ALTÍSSIMA

Esse exemplo mostra claramente que o resultado está no equilíbrio. Participação sem intensidade e intensidade sem frequência produzem resultados de baixo impacto, e isso, naturalmente, instala o ciclo vicioso do engajamento, pois não traz reconhecimento e, consequentemente, impede o indivíduo de se sentir realizado. Logo, vou diminuir a participação e você já sabe onde isso vai parar.

Em resumo:

> **ENGAJAMENTO É PARTICIPAÇÃO ASSERTIVA:**
> **Intensidade — Frequência — Método**

- Sem frequência, a intensidade não transforma.
- Sem método, a frequência não gera resultados, mesmo com muita intensidade.

- Sem intensidade, mesmo com método e frequência, jamais alcançaremos o melhor desempenho.

É por tudo isso que esses elementos serão amplamente discutidos nesta obra.

PRESENÇA: UM TESOURO NAS SUAS MÃOS

Já imaginou ter a sorte de ganhar alguns milhões na loteria, que poderiam resolver a sua vida, e recusar o prêmio? Consegue conceber alguém fazer isso e depois continuar com uma vida simplória e reclamando das contas atrasadas?

É difícil imaginar, mas é exatamente o que estamos fazendo quando não exercemos a presença. A presença é o nosso maior patrimônio, e estamos recusando essa riqueza. Quando estamos presentes, a nossa participação é intensa e nós começamos a transitar pelo ciclo virtuoso do engajamento. Então, se participação é o nome do jogo, a presença é o pontapé inicial.

As pessoas estão presentes, mas não praticam a presença!

Sem presença, a participação é ineficiente, pois dividimos o nosso foco e sabemos que o ser humano não consegue administrar bem essa divisão de atenção. Eis um problema clássico nos tempos atuais: as pessoas estão dividindo o foco e perdendo a capacidade de atentar aos detalhes. As oportunidades e a vida estão passando diante dos nossos olhos.

Assim como qualquer novo comportamento, a presença precisa ser praticada com constância para se tornar um hábito. Reflita comigo: há dez anos não existiam smartphones, ou seja, não havia esse atrativo para concorrer com a nossa presença. Ao longo dos anos, de forma intensa e sem grande esforço emocional, adquirimos o hábito de olhar o celular enquanto conversamos com outras pessoas. Então, para minimizar esse comportamento, precisamos agir com a mesma intensidade.

Utilizei o exemplo do celular, mas isso pode se aplicar a tudo o que prejudica a sua presença. E, para identificar esses elementos, pergunte-se: o que rouba a minha atenção quando a presença é necessária?

Quando você está jantando com alguém; quando está curtindo o momento com o seu filho; fazendo aquele relatório importante; escrevendo um projeto; participando de uma reunião; praticando uma atividade física; lendo um livro; conversando com seus pais e amigos... o que rouba a sua presença?

Em meus processos de coaching, vivo isso com muita frequência. Vejo pessoas com um potencial incrível desperdiçando a sua participação, pois não conseguem estar 100% presentes em nenhum contexto de sua vida.

Lembro-me de um executivo que atendi, um jovem de 36 anos, bem-sucedido, que tinha acabado de alçar voos importantes na organização. Seis meses antes, sua vida havia mudado completamente. Ele comemorava os feitos profissionais e lamentava os conflitos com a família. Embora não fosse nenhuma surpresa o investimento de tempo e energia

NÃO NEGOCIE COM A PREGUIÇA 67

no trabalho, ele não estava conseguindo lidar com o quanto isso afetava o seu casamento, muito menos a relação com o filho de 7 anos. Em uma das nossas conversas, pedi que ele me relatasse os sentimentos que o dominavam ao longo do dia. Então, ele descreveu: "Me dói quando não consigo buscar meu filho na escola ou quando não estou presente no seu campeonato de natação. Quando a minha esposa me manda uma mensagem perguntando o horário em que vou chegar em casa me sinto culpado..."

Depois de ouvir o seu relato, fiz outra pergunta: "E quando você está em casa, nos momentos com a sua família, como está a sua participação?" Ele parou por alguns segundos e respondeu: "Na maioria das vezes, a minha cabeça continua no escritório."

Sabe o que ele acabou de deixar claro? Não consegue estar 100% presente em nenhum momento do seu dia. Enquanto está presente no escritório, a sua presença está dividindo atenção com a culpa por não estar em casa. Quando está em casa, a sua presença compete com as preocupações do escritório. Só existe uma solução: praticar a presença.

Ele aprendeu a fazer duas coisas importantes:

1. **Organizar a sua participação:** se estiver disponível 100% do tempo para a sua empresa, ele vai ser acionado 100% do tempo. Se estiver disponível 100% do tempo para a família, vão querer a sua participação 100% do tempo. É assim que funciona. Então, foi preciso definir horários e planejar a melhor forma de estar presente em todos os contextos que o cercam,

seja com a família, com os amigos, nos cuidados com a saúde, no aperfeiçoamento profissional etc.

2. **Tirar os sabotadores do caminho:** para estar 100% presente, é preciso praticar a presença. Quando está no trabalho, vai responder só às mensagens pessoais que forem de extrema importância. Isso fará com que as pessoas o procurem menos e não se importem tanto com a demora nas respostas em horários comerciais. Da mesma forma, quando estiver em casa, vai se distanciar do celular para não permitir que o aparelho roube a sua atenção. Além disso, a não ser que seja algo urgente, não vai responder a e-mails nem a mensagens à noite, para que as pessoas não se acostumem a acioná-lo o tempo todo. E essa estratégia repetiu-se para todos os outros sabotadores que prejudicavam a sua presença.

Não existe jeito fácil; existe participação intensa. E, para conquistar a participação intensa, precisamos, muitas vezes, obrigar-nos a participar, afinal estamos aprendendo que engajamento é uma conquista. Você começa obrigando-se, as coisas vão melhorando **(vide ciclo engajamento)**, e, quando nota, o hábito já está instalado e o engajamento foi conquistado.

Se nada disso convenceu você, vou tentar outro argumento. Na versão mais recente da minha palestra "A reinvenção do profissional", tema do primeiro livro que lancei, em 2010, eu abordo algo que chamo de reinvenção retrô. É um paradoxo que traz consigo uma reflexão estratégica e necessária para os tempos atuais. Sempre que uma inovação se faz presente, as pessoas — mesmo as mais conservadoras — tendem a se reinventar para acompanhar o novo contexto estabelecido. Em pouco tempo, todos estão agindo da mesma forma, pois a reinvenção chegou ao seu estado máximo de aceitação. Logo, inverter esse processo e sair da zona comum nos diferencia. Na era da conectividade, a presença se tornou um comportamento escasso, e isso significa que praticar a presença não faz bem apenas para a conquista do seu engajamento: vai diferenciar você da multidão.

Os perigos ocultos do engajamento

Por essa você não esperava: algumas páginas sobre os benefícios do engajamento e agora essa. A regra da vida é clara: todo ganho traz uma perda. Esse é um fato irrevogável da vida, e não seria diferente com esse tema.

Mesmo sendo vital adotar o engajamento como um estilo de vida, você precisa se preparar para algumas consequências desse comportamento. Vamos a elas:

Reciprocidade: talvez seja a consequência mais dolorosa desse processo. Nem sempre as pessoas se engajarão na mesma intensidade que você. E isso vai doer bastante. Você facilmente vai se frustrar e, por vezes, vai cobrar dos outros uma dedicação recíproca. Não é possível mensurar o nível de engajamento, então as pessoas podem estar fazendo o seu melhor e, ainda assim, não satisfazer às suas necessidades emocionais, racionais, do ego e por aí vai. Desacreditar, desinteressar-se e até mesmo menosprezar o esforço alheio pode acontecer sem que você consiga controlar.

Resultado: nós nos engajamos porque queremos ver o resultado daquilo que desempenhamos. É preciso que o esforço traga frutos e que você perceba os ganhos de uma atuação profunda e intensa. Quando o resultado não se faz presente, o engajamento perde o sentido e o seu desempenho diminui consideravelmente. É como correr, correr e nunca chegar: frustrante. Esteja pronto para se questionar o tempo todo sobre os frutos do seu engajamento, pois isso vai martelar você constantemente. Mesmo que você tenha evoluído em sua atuação, saiba que o engajamento sempre o levará a querer mais, pois não vamos nos satisfazer com a mediocridade.

Realização: o que sustenta o engajamento é o sentimento de realização. É saber que valeu a pena, que os frutos estão sendo colhidos, que você está melhor, que existe reconhecimento — interno e externo — pelos feitos e resultados. Por vezes, você vai sentir que está se dedicando e, ainda assim, não está valendo a pena. Mesmo com bons resultados evidentes, você pode sentir um grande desejo de buscar algo novo, inédito, que o complete verdadeiramente. É comum deixarmos de valorizar as atuais conquistas em busca de novas metas que nos tragam mais realização.

Desistência: quando não aprendemos a controlar a ação dos fatores acima, a desistência se mostra um caminho atraente. Afinal, por que insistir em algo que não o completa? Então você passa a desistir das pessoas, dos processos e continuamente se desencanta com aquilo que já conquistou.

NÃO NEGOCIE COM A PREGUIÇA

Essa desvalorização do atual e a valorização do que ainda não conquistou é uma constante.

A pergunta que sempre precisa ser feita é: "quando é que algo vai me completar?" Viver uma vida de aventuras constantes parece atraente, mas até quando? Por que não posso me engajar para fazer os ganhos adquiridos serem ainda melhores? Para combater esses elementos sabotadores, dois comportamentos são fundamentais:

1. **Avaliação:** avalie constantemente os resultados das suas ações. Se você não medir o impacto do seu desempenho, poderá se frustrar pela falta de evolução ou por não perceber nenhuma evolução. Agora, é importante que você encontre uma forma de medir por si mesmo o seu desempenho e resultado. Não se engaje pelo reconhecimento das pessoas; busque sempre fatores que VOCÊ pode controlar. Somente isso poderá lhe trazer a verdadeira realização.
2. **Velocidade:** mude as estratégias com velocidade. Confiar no caminho é inevitável. Percebeu algo que pode aperfeiçoar em sua rota? Faça.

Preciso lhe dizer mais uma coisa sobre engajamento

Enquanto você lê este livro, diferentes sensações podem lhe invadir. Talvez uma vontade insana de colocar tudo em ação ou uma angústia por perceber que poderia ter conquistado muito mais se tivesse começado antes. Não importa o que você está sentindo agora; eu lhe garanto: isso é bom. Aliás, pode ser bom, se você seguir três premissas cruciais para que este conteúdo tenha alguma relevância na sua vida:

1. **Faça o que for preciso fazer** — priorize e comece hoje. Postergar é um ato de proteção, mas que aprisiona. A ação liberta.
2. **Não consegue fazer imediatamente? Planeje e faça** — coloque na sua agenda, não na sua gaveta. Ter pendências faz parte da vida, e muitas vezes precisamos organizar algumas variáveis para resolver outras. Só não deixe para o acaso, acreditando que a vida vai se encarregar de resolver. *Você* resolve as coisas. Se for preciso, peça ajuda, mas saia da inércia.
3. **Não vai fazer? Elimine do seu pensamento** — tenha a coragem de abandonar as coisas, livre-se daquilo que rouba a sua energia e não impacta a sua vida. Sabe aquela roupa que você comprou e não usa há seis meses? Doe. Você não vai usar. Decidir não fazer é diferente de desistir. Desistir é deixar para trás aquilo que é importante, e você não tem coragem de fazer. Eliminar é descartar da sua vida aquilo que não importa mais.

Nós temos apenas uma energia, e tudo o que se acumula rouba parte da nossa força e prejudica a nossa existência. Portanto, não perca mais tempo: entre em ação.

Encerramos aqui a nossa introdução. Minha missão até este momento é que você tenha percebido que o engajamento está nas suas mãos. A partir de agora, vou dividir o engajamento em algumas áreas da sua vida. A escolha dessas áreas deu-se por dois motivos simples. Primeiro, porque são os pontos mais discutidos nas minhas abordagens educacionais. E, segundo, porque são áreas em que tenho experiência e resultado na minha trajetória. Esse é um princípio básico da minha atuação: jamais falo daquilo que não vivi com intensidade.

Portanto, convido você a mergulhar fundo comigo nessa caminhada em busca do engajamento. Só posso garantir que este livro trará mudanças significativas para a sua vida se você decidir realmente participar desse novo modo de ser, pensar e agir.

Dividi o livro em quatro pontos que, conectados, levarão você a um patamar superior na carreira, nos negócios e na vida, denominados nesta obra **OS QUATRO PONTOS DE CONEXÃO DO ENGAJAMENTO:**

- o engajamento e a sua carreira;
- o engajamento e a sua liderança;
- o engajamento e a sua saúde;
- o engajamento e os seus relacionamentos.

Ler os quatro pontos de conexão não é obrigatório, mas aceite o meu conselho: leia todos! A integração entre esses pontos complementará, e muito, o seu entendimento sobre o tema.

PONTO DE CONEXÃO 1:

O ENGAJAMENTO E A SUA CARREIRA

*Eu conheço pessoas que, se não fossem elas
mesmas, seriam muito bem-sucedidas!*

Alê Prates

Para começar este capítulo, preciso insistir em uma frase que venho defendendo em diversos debates nos mais diferentes contextos organizacionais:

VOCÊ NÃO VAI DAR RESULTADO O TEMPO TODO!

Uma frase óbvia, mas que precisa ser enfatizada nos tempos atuais. A pressão por resultados está despertando nas pessoas a síndrome do super-herói. E os gurus da motivação e do empreendedorismo ajudam a disseminar esse conceito devastador.

A fórmula é simples: "O homem que saiu do fundo do poço e conquistou a lua." E tudo isso envelopado por fotos incríveis e vídeos muito bem produzidos que vendem a ideia: "SEJA O NÚMERO 1."

Isso precisa parar! As pessoas estão acreditando que não podem ter fraquezas e que os seus resultados atuais não valem nada. A fórmula para essa turma faturar é simples: faça as pessoas acreditarem que elas nunca estão fazendo o suficiente. Isso vende muito!

A questão é que nós estamos criando um exército de pessoas frustradas em busca da fórmula mágica, do atalho que lhes permita enriquecer trabalhando quatro horas por dia de qualquer lugar do mundo.

O que estou dizendo é muito simples: você vai sentir medo, angústia, vai ter vontade de desistir, vai tomar decisões equivocadas, perder dinheiro, noites de sono... mas isso não vai tirar o seu valor.

Em resumo, quero que você se concentre em um conceito simples: **VOCÊ NÃO PRECISA DAR RESULTADO O TEMPO TODO!**

Aliás, ninguém dá resultado o tempo todo. Isso é uma falácia. O que acontece é que as pessoas não contam os seus tropeços, os seus erros — afinal, isso não vende.

Somos dotados de uma energia que nos rege. Lembre-se disso: apenas UMA energia. E essa energia é alimentada pela nossa atuação em todas as áreas da vida: carreira, família, saúde, finanças, espiritualidade, enfim, tudo aquilo que tem valor para nós. Naturalmente, se alguma área não vai bem, isso afeta o nosso equilíbrio e impacta em nossa energia.

Então, é inevitável que o nosso desempenho seja afetado em diversos momentos. Isso é bom? Claro que não, mas é inevitável, e precisamos conceber essa realidade, ou viveremos frustrados, negligenciando nossas emoções e não entregando resultados mesmo assim.

A síndrome do super-herói

Guarde uma coisa que vou lhe dizer: você se torna forte quando se permite ser fraco.

Lembro-me de um evento que realizei em Brasília para oitocentas pessoas. Era a minha estreia em um evento aberto

NÃO NEGOCIE COM A PREGUIÇA

importante. Aliás, foi a primeira palestra que ministrei ao lado do mestre Cortella. Momento único, marcante e promissor.

Mas eu me sentia frustrado. Estava feliz pela oportunidade e até orgulhoso por subir naquele palco; no entanto, havia um peso que ofuscava o brilho daquela noite: eu não me achava digno daquele feito. Eu me sentia uma FARSA.

Eu acreditava que, como palestrante, precisava ser um super-herói; não poderia ter problemas, frustrações. Tinha que ser um exemplo de sucesso e plenitude. Perceba o quanto isso é angustiante.

E isso aconteceu por um motivo simples: nunca me permiti ter fraquezas.

Eu estava construindo a minha carreira e, naturalmente, os frutos ainda não podiam ser colhidos. Não ter grana, andar de carro popular, morar de aluguel e estar no cheque especial me doía muito. Eu me sentia envergonhado. Logo, não me enxergava à altura daquele evento.

Mas a questão é: quem estava duvidando da minha capacidade? Ninguém mais me questionava além de mim. As pessoas não estavam interessadas na minha situação financeira, afinal, eu não estava ensinando ninguém a gerenciar sua riqueza.

As pessoas estavam ali porque queriam entender como eu desenvolvia outras pessoas. E também estavam curiosas para saber como um office boy conseguiu se tornar escritor, palestrante e coach de grandes líderes. Essa ficha demorou um tempo para cair.

A minha carreira aconteceu quando eu descobri que as minhas fraquezas não determinavam a minha trajetória.

Entenda: ninguém vai além desvalorizando as suas conquistas. Você vai prosperar quando tiver coragem de seguir em frente apesar das suas fraquezas.

Hoje eu me permito ser fraco: sentir medo, reconhecer que não estou preparado, conceber que meus concorrentes estão fazendo mais e melhor do que eu. Enfim, me livrei da necessidade de ser perfeito.

E isso não me torna um fraco; apenas me dá a chance de agradecer por seguir construindo a minha carreira enquanto construo todos os alicerces da minha vida!

Existe uma frustrante busca por ser o melhor!

Ronda Rousey, ex-campeã peso-galo feminino de UFC, defendeu seis vezes o cinturão com louvor, tornando-se uma grande atração do evento. Depois de perder (apenas) uma luta para Holly Holm, revelou em um programa de TV que pensou em suicídio por não suportar as críticas. Que pressão é essa por ser o melhor?

A regra é muito simples: só existe um melhor. Logo, todos os outros são fracassados. É isso mesmo? Então o segundo lugar do pódio é um símbolo de fracasso? O medalhista de bronze deveria esconder o rosto pela vergonha de ser homenageado pelo seu péssimo desempenho?

Os gurus da motivação estão criando um exército de pessoas frustradas. E por um motivo simples: isso vende. Gente frustrada tem uma forte tendência a comprar milagres. E essa fonte é inesgotável, pois ser o melhor é intangível e,

NÃO NEGOCIE COM A PREGUIÇA 83

naturalmente, as vendas não param. O mais interessante dessa história é que os gurus que prometem o lugar mais alto do pódio geralmente não estão lá. Ou seja, é cego guiando cego.

Você não precisa ser o melhor; precisa é ser muito bom naquilo que faz. Isso o levará a conviver com pessoas competentes e inspiradoras, que o impulsionarão a ir além e ser melhor a cada dia. É tangível e alcançável.

Pare para pensar: NINGUÉM é o melhor. A pessoa, a empresa, a organização, o time pode ESTAR o melhor, mas isso não o eterniza como tal. Saber viver os altos e baixos da vida é o que nos torna bem-sucedidos em qualquer área. Seja muito bom, melhore a cada dia, trilhe o seu caminho e, se for possível, alcance o posto de "o melhor", mas não viva para isso. É frustrante, angustiante e nada tem a ver com felicidade e realização.

Você não precisa ser o melhor; só precisa ser engajado em ser feliz no caminho!

Acostume-se a ser medíocre

Primeiro eu digo que você não dará resultado o tempo todo; depois, que não precisa ser o melhor; e agora essa: preciso me acostumar a ser medíocre. Sei que você deve estar pensando que este livro é um desserviço para a sua carreira e os seus negócios. Permita-me esclarecer.

Em primeiro lugar, o que estou fazendo é colocar você no eixo. Chega de promessas falsas e gritos motivacionais que não motivam ninguém. Só estou apresentando a vida como ela é, assim nós podemos jogar com as regras certas.

Agora, vamos à história do medíocre. Medíocre é aquele que está na média, certo? Não é o primeiro nem o último; está na média. Em algum momento da vida, qualquer pessoa já esteve nesse patamar. Ninguém escapa. O problema não é ser medíocre; a questão é saber em qual grupo você está sendo medido.

Quando eu era office boy, assim que entrei na empresa, com 15 anos, eu era o pior. Não sabia andar direito em São Paulo, comunicava-me mal, era tímido, enfim. Algum tempo depois, evoluí, já não era o pior, mas também não era o melhor. No entanto, eu queria ser promovido, então me aperfeiçoei, ganhei destaque e saí da média. Quando fui promovido a auxiliar administrativo, aconteceu a mesma coisa. Comecei sendo o pior e depois fui mediano, mas um mediano um degrau acima do melhor office boy.

E isso se repetiu durante toda a minha carreira: fui o pior professor, depois entrei na média e lutei para me destacar. Como coordenador, executivo, empresário, escritor, coach, palestrante, treinador, idem. Em algumas áreas consegui destaque; em outras sou mediano, e em algumas estou entre os piores. E isso só vai ser ruim se eu não me engajar e evoluir constantemente.

Sempre que você quiser subir de degrau, terá que se acostumar a ser mediano e lutar para ganhar destaque. Portanto, se você não se sente medíocre com frequência, isso é sinal de que não está subindo de nível.

Agora eu quero falar sobre a sua carreira. Para isso eu poderia resumir este capítulo em uma única palavra: PARTICIPAÇÃO.

Acho até que poderia encerrar por aqui, pois isso explica tudo. Mas faço questão de ir além, para que você compreenda a essência desse conceito. Não é só participar: é participar com estratégia e intensidade. Concentre-se nisso. Uma carreira é construída com estratégia e intensidade.

Vejo muitas pessoas seguindo um roteiro padrão: estudam, escolhem uma profissão, fazem um estágio, são efetivadas, promovidas, e, por algum motivo, estacionam em sua carreira. Busque a explicação que quiser; você vai chegar à conclusão de que faltou, em algum momento, estratégia e engajamento. E se você me desafiar a escolher apenas uma palavra, sem dúvida alguma eu escolheria ENGAJAMENTO.

Eu não sei em qual momento você está na sua carreira, então não quero ser evasivo nas minhas explanações. Vamos analisar juntos.

Em qual momento da carreira você está?	Em que momento da carreira você acredita que deveria estar?
Iniciando a carreira e com grandes expectativas	
Iniciando a carreira e ainda confuso com o caminho	
Estagnado e angustiado	
Em plena ascensão e confiante	
Cansado, em busca de mudanças	
Plenamente satisfeito, apenas mantendo as coisas em ordem	
Sobrevivendo, sem esperanças de um futuro brilhante	
Apaixonado pela profissão, mas com poucas recompensas financeiras	
Estabilidade conquistada, mas distante de um propósito	

Análise feita, vamos mergulhar neste capítulo concentrando-nos no seu atual momento.

NÃO NEGOCIE COM A PREGUIÇA

Do **Ponto A** (onde você está) para o **Ponto B** (onde você quer estar), existe uma caminhada. Não sei o tamanho da sua caminhada, mas tenho uma única certeza: você vai precisar de engajamento. Mas não se engane. Aliás, não cometa o mesmo erro que muitas pessoas cometem: guardar o engajamento somente para o Ponto B.

Vejo muitas pessoas pecando feio no Ponto A, por isso quero deixar muito claro esse conceito. Vamos exemplificar.

Rafael é um jovem jogador de futebol. Não é um grande talento, mas seu esforço e dedicação superam muitas deficiências. Atualmente está defendendo um clube pequeno, sem muita expressão. Naturalmente isso o incomoda, pois, além de não lhe dar a projeção necessária, o salário também não atende os seus anseios. Além disso, os constantes atrasos nos pagamentos o frustram bastante. Esse cenário o desmotiva, impedindo, dia após dia, que o seu engajamento seja conquistado. Rafael começa a treinar com menor intensidade, corre menos nos jogos e não presta atenção às estratégias apresentadas pelo treinador. Consequentemente, o seu empenho nos jogos diminui, o desempenho é prejudicado e os resultados também, óbvio. Resumo: Rafael vai para o banco de reservas.

Pergunta: O que provavelmente vai acontecer com Rafael?

a. Algum clube grande vai ficar comovido com a sua história e ele vai ganhar uma oportunidade de defender o time dos sonhos?

b. Na reserva, vai ser dispensado pelo clube e possivelmente irá para um clube menor e sua situação vai piorar?

Não é necessário ser nenhum especialista para saber o final dessa história.

Enquanto leu esse exemplo, naturalmente você se incomodou, pois pode estar sendo empático com o personagem. E uma pergunta se faz presente: "Alê, como o Rafael vai se engajar com um clube que o trata dessa forma?"

Se essa foi a pergunta que lhe veio à mente, devo dizer que o seu *mindset* ainda está programado da forma errada. O Rafael precisa se engajar com a sua carreira, e não com o clube. Diminuir o seu desempenho vai fazer o seu valor para o mercado diminuir. Nenhum clube vai contratar um jogador com baixa performance. O Rafael deveria se entregar ainda mais ao trabalho para fazer brilhar os olhos de outros clubes. Quando jogamos nossa motivação nas mãos dos outros, a chance de frustração é sempre um perigo.

Ninguém e nenhuma empresa pode determinar o seu engajamento. Isso é um grande erro. Se você esperar que uma empresa lhe ofereça um plano de carreira ou invista no seu desenvolvimento para então se engajar, estará tirando o seu futuro da sua gestão.

Talvez você não esteja nem um pouco feliz com a sua atual posição, mas isso não pode determinar o seu engajamento e a sua reputação. Faça da sua insatisfação um incômodo produtivo, algo que lhe dará mais energia para planejar a sua saída e a evolução para aquilo que deseja.

João e a sabedoria de poucos

Nunca me esqueço de um treinamento que realizei em um shopping na cidade de Goiânia, capital de Goiás. Treinamos mais de seiscentas pessoas, e o João se fez presente de uma forma magnífica. Em determinado momento da palestra, eu falava sobre carreira, propósito, engajamento. A provocação gerada, a sua experiência de vida e a proximidade que tenho com o público motivaram o João a se levantar e pedir a palavra.

"Alê, eu faço parte do time de conservação e limpeza. Há seis meses sou responsável pela limpeza dos banheiros. Você acha que eu gosto de fazer isso?"

Impossível responder a essa questão, então devolvi: "Diga-me você, amigo."

Ele continuou: "Claro que não gosto, mas sou o melhor no que eu faço. Pode perguntar para qualquer um: ninguém é mais caprichoso do que eu! E faço isso por um simples motivo: não quero fazer por muito tempo, então faço o possível para me destacar. Quero ser segurança do shopping, estou estudando para isso. Se limpando o banheiro, que eu não gosto, sou o melhor, imagine fazendo aquilo que eu quero!"

Naturalmente, o João mereceu aplausos de todos, e a sua história está eternizada neste livro. O João fez algo que não aprendeu em lugar nenhum, está na sua essência: valorizou o seu estado atual, está se tornando desejado e preparando a sua evolução. Isso é engajamento!

O que me assusta é ainda ver pessoas jogando sua carreira no lixo por se apaixonarem demais pelo Ponto B e se esquecerem de entregar no Ponto A o seu melhor desempenho.

E isso não se aplica apenas a quem está completamente insatisfeito com o seu estado atual. O engajamento é o caminho para qualquer momento da carreira.

Conheço pessoas bem-sucedidas, resolvidas financeiramente, mas que sentem que precisam mudar de área e fazer algo diferente, que tenha a ver com o seu propósito de vida. E, mesmo tendo condições de alçar novos voos, não conseguem se mover para os seus objetivos por medo, insegurança e todos os receios possíveis que as impedem de seguir em frente. É necessário compreender que, se eu não começar a vislumbrar a minha participação, jamais vou chegar ao Ponto B. Você não precisa mudar de vida repentinamente, mas pode utilizar o engajamento para se planejar, economizar, estruturar-se e dar os primeiros passos para que o trânsito seja natural e sustentável. O problema é que as pessoas querem, mas não colocam o engajamento no jogo, e por isso não saem do lugar.

Pare de desvalorizar o seu estado atual

Há alguns meses eu estava em Natal, retornando para o Rio de Janeiro. O voo era na madrugada, por volta das quatro horas. Quando cheguei ao aeroporto, decidi tomar um café e fui maravilhosamente surpreendido por um rapaz que me presenteou com um atendimento extraordinário. Não estou exagerando. O termo "extraordinário" se encaixa aqui. Um bom-dia efusivo, um sorriso constante no rosto, o uniforme impecável e a postura de quem tem orgulho e prazer em

NÃO NEGOCIE COM A PREGUIÇA 91

servir o cliente. E por que isso é extraordinário? Não deveria ser, mas quantos atendimentos são assim? Quantas pessoas têm orgulho de fazer o que fazem? Quantos profissionais realmente servem seus clientes? Certamente, se essa empresa tiver uma boa gestão, esse rapaz será notado e alcançará novos postos. Se a empresa não o valorizar, ele terá espaço no mercado sempre.

Esse rapaz, na verdade, está fazendo o básico muito bem-feito, e, nos tempos atuais, ele se destaca da grande maioria, que detesta o seu trabalho, menospreza a sua atual função e descarrega essa insatisfação no mundo.

Agora eu lhe pergunto: por que desvalorizar o seu estado atual prejudica o seu estado desejado?

Vou responder a essa pergunta apresentando dois ciclos que podemos viver em uma carreira. Veja em qual você se enquadra:

> **Ciclo Virtuoso: Orgulho — Atuação positiva — Resultados — Reconhecimento — Realização**

Eu me orgulho do que faço, logo, faço bem. Se eu faço bem, tenho mais chances de entregar bons resultados. Quando entrego bons resultados, sou reconhecido, e isso me traz um senso de realização. Um profissional realizado se compromete mais e, naturalmente, suas chances de evolução são maiores.

> **Ciclo Vicioso: Desvalorização — Descaso — Improdutividade — Insatisfação — Vitimização**

Eu desvalorizo o que faço, logo, ajo com descaso. O descaso gera comportamentos improdutivos, e o resultado não vem. Sem resultado, não existe reconhecimento. Sem reconhecimento, a insatisfação se faz presente no cotidiano, o sentimento de vitimização se instala e a carreira pouco a pouco vai sendo prejudicada.

Em qual ciclo você se encontra?

Podemos ilustrar centenas (talvez milhares) de exemplos de pessoas que começaram a carreira com muitas dificuldades e que, ao longo de sua trajetória, prosperaram. Mas também podemos trazer milhares (talvez milhões) de pessoas que reclamam do trabalho, da empresa, do salário e cometem um erro que não pode ser cometido: diminuem o seu desempenho por se acharem melhores do que o seu estado atual. E sabe o que acontece com essas pessoas? Passam a não merecer nem o que já têm, e se darão conta disso quando perderem o emprego e, ao procurar uma nova oportunidade, não conseguirem preencher o campo "referências" no currículo.

Sempre acreditei que não deveria trabalhar pela empresa, e sim pela minha carreira. E tem dado certo! Sempre que eu pensava que o meu trabalho atual contribuiria para a minha trajetória, deixava de me preocupar com a falta de reconhecimento, com o salário baixo, com assumir novas

NÃO NEGOCIE COM A PREGUIÇA

responsabilidades que estavam além das minhas funções. O foco nunca era a empresa, e sim o meu propósito de vida.

Você não precisa amar o que está fazendo atualmente, mas, se está fazendo, valorize, entregue-se, faça o melhor e colha os frutos disso para a sua carreira. É preciso merecer uma oportunidade melhor, e não é desvalorizando o que faz hoje que você vai ser merecedor de algo maior.

As pessoas que eu mais admiro na vida são as engajadas e orgulhosas de suas atribuições. Não existe nada pior do que conviver com indivíduos que não brilham, que são apáticos, que desistem de lutar simplesmente por se entregarem ao desgosto de um estado atual que pode ser melhorado ou não.

Eu desejo que você valorize o que já conquistou, mas que não se acomode jamais.

CONSELHO A UM JOVEM (E IMATURO) PROFISSIONAL

Hoje fui despertado com uma notícia muito triste e que me motivou a escrever este trecho. Um rapaz de 25 anos pediu demissão de uma empresa por não suportar a grande pressão e o volume de trabalho. Ele não era meu funcionário, eu nem o conhecia, mas, ainda assim, essa decisão mexeu comigo.

Permita-me explicar o motivo do meu incômodo. Com 25 anos é muito cedo para falar sobre "grande pressão", afinal, esse é o momento de entregar o máximo na sua carreira, de crescer, de aprender, de se destacar. Ao mesmo tempo, 25 anos é um pouco tarde para esse tipo de atitude; o tempo está passando. Com quantos anos você deseja assumir a responsabilidade? Quanto tempo você acredita que a vida vai esperar pelo seu amadurecimento? Eu respondo: ela não vai esperar! A vida vai continuar a te provocar, você querendo ou não. Cada desafio que não encarado é uma oportunidade perdida. E muitas oportunidades são únicas na vida.

Você já deve ter notado que estamos vivendo um déficit educacional em nosso país — da educação básica à universidade —, e, a cada dia, encontrar um profissional qualificado é mais difícil. Esse não é o maior problema, pois as empresas estão dispostas a investir tempo, dinheiro e energia na sua capacitação. A questão que está tirando o sono de todo mundo é a precariedade de profissionais com desejo de aprender, de se dedicar, de se envolver com um projeto. E o que isso quer dizer? Pense um pouco. Quando existe um monte de gente ruim no mercado, o que isso mostra? Um mundo cheio de oportunidades. Nunca houve tanto espaço para se destacar. E nem precisa ser brilhante: basta ser comprometido e ter muita sede de aprendizado.

Eu sei que muitas empresas ainda operam em um modelo de gestão precário, antigo, fracassado, mas pare de usar isso como desculpa. Nunca trabalhe por uma empresa; trabalhe pela sua carreira. Se a empresa não o valoriza, entregue resultados mesmo assim. Esqueça a empresa, valorize o seu currículo e fortaleça o seu maior patrimônio: a sua reputação. Isso é engajamento!

Faça uma reflexão: se nenhuma empresa o valoriza, onde está o erro? Você é azarado ou não está fazendo a sua parte? Pare de sentir pena de si mesmo. Pare de acreditar na sua mãe quando ela diz que você estava certo em pedir demissão. Para de se iludir com os colegas fracassados que dizem que não adianta se dedicar, pois a empresa não valoriza os funcionários. A responsabilidade é sua! Somente sua!

E, se você está pensando em abrir o seu próprio negócio, o sonho de muitos jovens brasileiros, cuidado! Se você não

NÃO NEGOCIE COM A PREGUIÇA

suporta a pressão do seu chefe, provavelmente não vai suportar as exigências dos seus clientes. Não é o cenário que precisa mudar; é o seu comportamento.

Guarde uma coisa que vou lhe dizer: o mercado não vai ser generoso com você, a não ser que você seja generoso consigo mesmo. Estude, prepare-se, aprenda, contribua, desafie-se, comprometa-se, dedique-se, enfim, seja engajado.

Você deve estar pensando que eu quero transmitir a minha longa experiência e as lições impressas nos meus cabelos brancos. Sim, eu tenho uma boa experiência: fui office boy, auxiliar administrativo, professor, coordenador pedagógico, executivo e hoje sou empresário, educador executivo, palestrante, escritor e dedico a minha vida a desenvolver pessoas. Mas deixe-me esclarecer uma coisa: trabalho desde os 15 anos e sempre tive orgulho de cada experiência que completou, até aqui, a minha trajetória. Desde muito cedo eu já aguentava muita pressão e devo a minha carreira a essa capacidade de não desistir.

Desejo que você amadureça e se torne o profissional que o mercado precisa: ousado, engajado, competente. Não vou lhe desejar sucesso, pois ele é uma consequência do que eu lhe desejei antes. E, se me permite, só quero lhe dar mais uma dica: comece imediatamente. O tempo passa, e passa muito rápido.

Mais um ponto importante: uma coisa é viver a inovação, outra é ser inovador. Isso tem ficado muito claro no comportamento dos profissionais contemporâneos. Eles são abertos à inovação, mas não são inovadores de fato. Se você duvida de mim, converse com alguns líderes e peça a opinião deles sobre os seus respectivos times.

Para poupar esse trabalho, vou adiantar algumas coisas que ouço todos os dias nas minhas abordagens em diversas empresas pelo país:

1. Os colaboradores não têm senso crítico. Realizam tarefas, mas não se aprofundam para compreender o impacto da ação.
2. Não fazem nada além do que é solicitado. Não por má vontade, mas apenas por não visualizarem os próximos passos.
3. A proatividade é um problema recorrente, pois eles não sabem o que e como fazer.
4. São pouco engajados e possuem uma visão de carreira de curtíssimo prazo.

Perceba que a maioria das questões apresentadas refere-se à capacidade técnica, e não ao perfil comportamental. Nos últimos anos, os relatos começaram a preocupar mais e uma afirmação se tornou real: a tecnologia não nos tornou tão inovadores quanto imaginávamos! Não se ofenda com isso. Não é uma crítica, é uma constatação.

Existe uma lógica para essas deficiências na atuação profissional. Vou direto ao ponto: profundidade.

Não acredita? Faça um teste: entre no seu Facebook e procure algum post polêmico, com muitas interações, e analise os comentários. De cem comentários, você vai extrair dois, três, que possuem algum embasamento teórico e refinamento linguístico. O restante é triste de ver. Frases sem sentido, ofensas desnecessárias e o assassinato

NÃO NEGOCIE COM A PREGUIÇA

da língua portuguesa estarão evidentes ali. Sem contar as inúmeras discussões decorrentes pura e simplesmente das manchetes das notícias — elaboradas para chamar a atenção, claro —, que poderiam ser evitadas se o conteúdo fosse lido. Presencialmente, a coisa não muda muito: provoque um debate e veja aonde iremos chegar. A impressão é a de que existe uma enorme necessidade de emitir opiniões, mas os debates tendem a girar em torno de impressões alheias, absorvidas por meio de formadores de opinião midiáticos. E nós sabemos onde isso vai dar: uma legião de pessoas conduzidas e não protagonistas de suas opiniões e atitudes.

A falta de profundidade é uma praga que está atingindo a sociedade

Toda e qualquer pessoa, independentemente da idade, formação e condição social, que não investe um tempo de qualidade para se aprofundar nos mais diversos temas que envolvem o seu contexto profissional, social e econômico sofrerá, mais cedo ou mais tarde, com a visão rasa e turva do mundo que a cerca.

A questão é que os profissionais traduzem essa falta de profundidade em deficiências técnicas e comportamentais, que impactam diretamente no cotidiano de suas profissões e, como consequência, em suas carreiras. Visão sistêmica, pensamento estratégico, criatividade, inovação e proatividade são fatores recorrentes da capacidade de se aprofundar, analisar, julgar e decidir. Sem profundidade, a escassez desses comportamentos é cada vez mais latente.

Reflita: quantas pessoas você conhece com essa capacidade?

A boa notícia é que muitos profissionais estão saindo dessa média e despontando rapidamente nas organizações, inclusive liderando profissionais mais velhos e mais experientes, pois idade e tempo de carreira já não são mais decisivos em uma promoção. Esses indivíduos estão alçando voos mais altos, pois se destacam na multidão de pessoas que são inundadas pelo volume de informações, mas não são capazes de transformar isso em conhecimento de valor para o mercado.

A outra boa notícia é que profundidade é um comportamento que pode ser adquirido pelo hábito diário de ler, estudar e conviver com pessoas que nos enriquecem com novas visões. Então, pergunte-se: o que você lê todos os dias? A que você assiste todos os dias? Com quem você conversa todos os dias? Esse teste simples vai lhe mostrar quão profundo você é e vai continuar sendo se não mudar o seu cotidiano agora!

Inovação não é talento, é trabalho. No MIT eu aprendi que "Inovação são milhares de ideias criativas colocadas em ação". Então, aprofunde-se para aguçar a sua criatividade. Esse é o único caminho para prosperar em um mundo que só nos garante uma coisa: a constante transformação.

A FASE DO "QUASE LÁ" É O MOMENTO MAIS DELICADO DA SUA CARREIRA

Você é muito bom no que faz, tem formação, experiência e desenvoltura. Conhece os caminhos, tem as respostas e por isso é procurado constantemente graças ao seu conhecimento na área. Já participou de diversos cursos e, em muitos deles, imaginou-se fazendo melhor do que aquele especialista que o está ministrando. Em resumo, você é o profissional certo!

A questão é que, mesmo provido de todos os predicados necessários, a sua carreira não acontece da maneira como, em seu ponto de vista, deveria acontecer. Parece que, quando você está quase lá, algo acontece e as coisas desaceleram. E esse "quase lá" parece uma constante na sua vida. Os anos passam, você continua evoluindo, mas o "quase lá" continua lhe perseguindo.

Você é um profissional engajado, mas as oportunidades não surgem; a sua entrega é exemplar, e mesmo assim a sua empresa não cresce. Você trabalha duro e as vendas não são suficientes para atingir as metas. Você é um atleta dedicado, talentoso, e as conquistas insistem em não chegar. Você se esforça o quanto acredita ser o necessário, mas não ultrapassa a linha do "quase lá".

Como explicar? O que ainda falta fazer?

Essas são perguntas que você deve estar se fazendo neste momento. Com base nessas indagações, outras perguntas surgem quase que instantaneamente: será que não estou fazendo o suficiente? Será que está faltando sorte? Será que estou mesmo na profissão certa? Será que preciso aprender algo novo? Ou seja, a cada vez que você se questiona, mais perguntas surgem.

Além disso, uma sensação de frustração toma conta. Você se sente incompetente, às vezes fraco, e o seu sistema interno — refiro-me aos seus pensamentos — entra em ação e faz o que de melhor sabe fazer: proteger você! E, para protegê-lo, age de duas formas:

1. **Diminui as suas expectativas:** faz você mentir para si mesmo, dizendo estar satisfeito com o que conquistou, que não precisa de mais para viver, que a vida é assim mesmo e por aí vai. Um passo perigoso para uma falsa sensação de alívio.

2. **Julgamento do alvo:** isso é muito comum. Para diminuir a sua frustração, você começa a julgar e a questionar quem chegou lá antes de você. Sempre há

uma razão ruim para desmerecer o sucesso alheio: "ele tem muito dinheiro para investir"; "ele é um projeto de marketing"; "faz promessas que não pode cumprir" etc. Quando você se permite refletir sobre isso, percebe que, a seu ver, ninguém é merecedor. Tem algo errado nesse pensamento, não?

Lembre-se: essas são ações de defesa do seu sistema, e, apesar de bem-intencionadas, servem apenas para mascarar a sua frustração. No fundo, não ajudam em nada.

Então, como agir na fase do "quase lá!"?

Vou compartilhar com você a minha experiência de vinte anos entre o meu ingresso na área educacional e os tempos atuais. Dessas duas décadas, uma foi exclusivamente dedicada ao desenvolvimento de pessoas. E o que vou dizer vai lhe incomodar muito, portanto, decida agora se quer continuar ou não com esta leitura.

A fase do "quase lá!" explica muita coisa, mas vou me ater apenas aos fatores que você pode controlar. Se você acredita em destino, sorte, azar, carma, castigo, escolha divina etc., embora eu respeite a sua crença, seria impossível traçar qualquer plano contra o acaso. Novamente, não me entenda mal: não estou desmentindo nenhum desses eventos; só trabalhando com aquilo sobre o que temos alguma gestão.

Quero começar essas explicações mudando a pergunta. Em vez de perguntar: "o que ainda falta fazer?", pergunte-se: "por que eu mereço o que estou colhendo?"

Desculpe a pergunta fria e direta, mas não posso poupar você dessa reflexão. Você pode se sentir injustiçado pelos resultados atuais da sua carreira, mas é responsável por essa colheita. Sim, você é o único responsável por essa colheita.

Dói a constatação de que merecemos o que colhemos e, por esse motivo, vivemos fugindo dessa pergunta. Simplesmente não queremos acessar a resposta. Mas ela está aí, pode apostar. Você não precisa responder para ninguém: é você com você mesmo. Vá fundo, reflita. Vai doer, mas sem dor não existe desenvolvimento.

Vou ajudá-lo com algumas perguntas complementares: quando você deixou de investir nos seus relacionamentos? Quando você se desconectou da sua missão? Quando parou de ser protagonista da sua carreira? Quando foi que se vendeu? Quando foi que você deixou de acreditar na sua capacidade? Quando começou a invejar em vez de aplaudir? Quando você se apaixonou mais por problemas do que por oportunidades? Quando permitiu que o seu brilho se apagasse? Quando começou a se esconder atrás de desculpas?

Muitas perguntas desconexas com um único objetivo: provocar o seu sistema a assumir a responsabilidade. Não acesse essas perguntas com descaso, muito menos com uma postura de derrotismo, dizendo para si mesmo que não sabe. Pergunte-se até se convencer da resposta, por mais que doa. Para dar certo, tem que doer.

NÃO NEGOCIE COM A PREGUIÇA

Isso é apenas uma fração do que eu preciso alertar você. O que vou relatar a partir de agora certamente vai ser esclarecedor: está recheado de verdades, sem filtros, pois não temos tempo para isso. A sua carreira não tem tempo para isso.

Falamos muito sobre engajamento até aqui — a sua ciência, etapas, formas de conquista —, e eu quero, a partir de agora, falar sobre onde colocar toda essa energia para funcionar. Preciso lhe fazer um alerta: é possível ser engajado e ainda derrapar na carreira. Engajamento sem estratégia é um grande desperdício de energia.

E a melhor estratégia é aquela que tem como foco o nosso público-alvo. Aliás, qual é o seu público-alvo? Qual é o seu mercado? Quem são os seus clientes? Quem consome o seu trabalho? Quem pode valorizar o seu passe? Perguntas simples e complexas que o ajudam a identificar para onde olhar. Agora, independentemente do seu público-alvo, vou direcionar o seu olhar para o lugar certo.

Primeiro: pare de ostentar problemas. Não suportamos mais pessoas que esbravejam, que adoram trazer os dilemas à tona, que não vivem sem reclamar todos os dias e, o pior, que adoram se colocar como se nada tivessem a ver com o que acontece. Chega! Por mais competente que você seja, ninguém quer por perto uma pessoa que fique declamando os próprios problemas. Queremos pessoas que resolvam, que sejam positivas, que adotem uma postura de "estamos juntos" e não de "eu avisei". Apontar problemas não é sinal de competência; resolvê-los, sim. Seja crítico, mas seja resolutivo.

Segundo: execute com visão de mercado. Estamos cheios de gente executando muito e produzindo pouco. Ou pior, executando com um foco de curtíssimo prazo, desperdiçando tempo, energia e oportunidades. Não execute sem perguntar: "Qual será o impacto disso?" E não importa a ação, afinal, o melhor desempenho está nos pequenos detalhes. Um exemplo: o seu cliente está pedindo um bom desconto para fechar um contrato. A sua situação financeira está delicada, os boletos precisam ser pagos. Você aceita a negociação ou não? A curto prazo, óbvio que sim. "Eu pago os boletos atrasados e sigo a vida." Porém, pergunte-se: "Qual é o impacto disso?" Possivelmente você vai constatar que esse cliente nunca mais vai pagar o valor devido e que isso pode se tornar público no mercado. Você possivelmente terá, a médio prazo, sua receita prejudicada. E agora, qual será a resposta? E isso se repete em várias situações cotidianas. Nunca mergulhe de cabeça em uma atividade sem estudá-la. Existe uma linha muito tênue entre ser proativo e inconsequente. Cuidado!

Terceiro: pegue e faça. Mas faça de verdade. Todos nós adoramos conviver com pessoas que prometem e cumprem. Não sei você, mas eu me irrito profundamente com pessoas que passam a vida "correndo atrás do rabo" e não têm a capacidade de rever suas ações. Se dizem especialistas, mas nunca apresentam nada novo, nenhuma opção válida ou, pior, não são capazes de olhar os resultados de frente e propor — por conta própria — um plano para mudar o jogo. Obviamente, você não vai segurar por muito tempo essa máscara. Esse é o momento de ser proativo, de olhar

NÃO NEGOCIE COM A PREGUIÇA

para os cenários e ser propositivo. Chega de enrolação. A sua carreira não vai decolar assim.

Quarto: ninguém pode ter pena de você. Eu não consigo entender como algumas pessoas fazem questão de buscar a piedade dos outros. Que necessidade é essa de apoio, de colo? Você não precisa ser um super-herói, mas adotar uma postura de fragilidade como estratégia de aproximação é um tiro no pé. Ninguém vai confiar em um indivíduo que está sempre com dor de cabeça, mau humor, cheio de problemas e nutrindo um sentimento de perseguição. Gostamos de lidar com pessoas que demonstram confiança e energia. Queremos boas vibrações e entusiasmo. É bom conviver com gente assim. Insisto, não há problema nenhum em demonstrar fragilidade; só não seja a fragilidade em pessoa. Sem confiança, portas fechadas!

Quinto: saia da defensiva. Pelo amor de Deus, pare de se defender. Errou? Admita, corrija e siga em frente. Quando você se justifica em excesso, as pessoas passam a não ouvi-lo mais. E, quando realmente houver uma justificativa, você cairá em descrédito. As ações cotidianas generalizam a sua postura. O pior que pode acontecer na sua carreira é as pessoas desistirem de você, e nós desistimos de quem não assume seus erros. O que não deu certo e estava sob a sua responsabilidade é responsabilidade sua. Ponto-final.

Sexto: troque o puxa-saquismo por resultado. Bajulação é a arte de mascarar a sua ineficiência por meio do afago ao ego alheio. Você pode até manter um emprego por causa da bajulação, mas ser digno de respeito, jamais. Respeito se conquista com resultado, ética e competência. Você nunca vai ser respeitado se disser "sim" para tudo, muito menos se concordar com todas as besteiras que o seu chefe diz e faz. Seja íntegro, discorde, apresente suas ideias, brigue, entre em conflito, compre boas brigas. Todos gostam disso? Claro que não! Mas você não vai evoluir ao lado de alguém que gosta de ser bajulado, pois pessoas assim jamais prosperam. Elas ficam presas em seus egos, erros e na vaidade exacerbada.

Se você se encontra na fase do "quase lá", talvez não encontre resposta neste texto, mas, sem sombra de dúvida, não vai encontrar respostas no acaso. Se eu pudesse lhe dar um conselho, diria: busque a resposta aí dentro, releia o texto com um olhar crítico, reflita de verdade e, de uma vez por todas, permita-se sair dessa posição e trilhar a trajetória que você merece.

Não seja o seu maior sabotador!

Conhecimento sem ação é máscara!

Converso frequentemente com profissionais da área de coaching, que me procuram para receber conselhos sobre trajetória, carreira, posicionamento. Certa vez conversei com alguém que se denominava "master coach". Ser um master coach significa que você chegou ao maior estágio da formação de um profissional nessa área. Fiz uma pergunta para ele: "Quantos coachees você já atendeu?" Resposta: "Só dois. Eu estava aguardando finalizar a minha formação." Fui obrigado a dizer: "Não diga mais que você é master coach. Está longe, muito longe disso! Um master coach sem, no mínimo, quinhentas horas de atuação não deve se considerar como tal."

O que forma um coach — ou qualquer outro profissional — não é apenas a sua formação acadêmica, mas também o volume da sua participação.

Lembre-se: o engajamento precisa de participação para ser conquistado. Sem participação, torna-se apenas um sonho. E permita-me trazer um ponto vital deste tema: comece. Simples assim: comece! Comece e vá aumentando a sua participação. Se você não começar, não dará chances para que o engajamento se faça presente.

Diploma ou habilidades: o que conta mais?

Fiz essa pergunta nas redes sociais, e isso gerou um debate muito interessante. Faço questão de compartilhar aqui as melhores contribuições, pois não existe uma verdade absoluta nessa questão. Você, somente você, pode avaliar o que é mais eficiente para a sua trajetória. Espero que as respostas dos meus amigos e amigas possam ajudá-lo:

- **Glaucia Ribeiro:** "Os diplomas são necessários, mas, sem a aplicação, que desenvolve a habilidade, a conta é zero. Não adianta nem ser 'legal'. Habilidades sem diplomas podem ser assertivas, mas são difíceis de tangibilizar. Portanto, se *diploma* aqui for sinônimo de *saber*, estaremos diante de um velho dilema: 'Quem vem primeiro? O ovo ou a galinha?'"

110 ALÊ PRATES

- **Lígia Katierry:** "Compartilhando minha vivência: eu tenho 21 anos, formei-me em informática para negócios e estou prestes a me tornar especialista em gestão estratégica de pessoas. Comecei cedo, aos 16 anos. O pensamento emergente dentro de mim era que eu precisava adquirir conhecimento com situações tangíveis e diplomas. E, acompanhado desse processo, aplicar minhas habilidades adquiridas trabalhando para os outros. Ao longo do período, trabalhei em quatro empresas diferentes, depois entrei para o mundo da consultoria, tornei-me MEI e comecei a aplicar minhas habilidades solitariamente. Sofri muito preconceito por não ter diploma de mestre, ou até mesmo por nem ser graduada. Hoje tenho o objetivo de me tornar professora universitária, mas infelizmente não me dão credibilidade pela minha idade, e pelo fato de o processo seletivo ser à distância... Então, acredito que em alguns momentos o diploma traz a aproximação do objetivo, e a sua habilidade o concretiza."
- **Ana Carolina Teixeira:** "Diploma é conhecimento na teoria. Se não aplicado, não lhe trará conhecimentos na prática. A habilidade é aquilo que fazemos e como fazemos com aquilo que aprendemos. Habilidade é constância, é busca, é disciplina, é hábito."
- **Mario Rondon:** "Do que nos adiantam certificados, diplomas e outros títulos se não conseguimos colocar em prática competências essenciais? Eu não saberia definir o que é mais importante. Penso que a questão pode estar na nossa capacidade de pôr em prática o

NÃO NEGOCIE COM A PREGUIÇA

que viermos a aprender e de gerar resultados positivos e consistentes."

- **Bruna Carolina Pereira Reis:** "Acredito que vivemos na era das habilidades. Muitos diplomados não conseguem colocar em prática competências básicas aprendidas na academia, enquanto outros, sem diploma, entregam-se para o que se propuseram a fazer, e com isso crescem, desenvolvem-se, transformam e, mais do que isso, inspiram outros a serem melhores."

- **Tiago Silva:** "Nem um, nem outro... Competências comportamentais são hoje o cerne do desenvolvimento. Os diplomas (assim como estão postos) cairão em obsolescência, bem como, lógico, algumas graduações que já não conseguem mais acompanhar os avanços tecnológicos desta geração. As primeiras profissões a desaparecer, abrindo espaço para os algoritmos, são justamente profissões intelectuais, como advogados, médicos etc. Aqueles que não estiverem alinhados às novas demandas, que não tiverem as competências comportamentais que agucem essa percepção, serão 'engolidos' pela obsolescência... Tomando emprestado o jargão de Nailor Marques, 'não existe mais ninguém formado; estamos todos em formação...'. O conhecimento hoje está desterritorializado, e as universidades brasileiras estão bem aquém do que as demandas do mundo contemporâneo exigem..."

- **Daniela Sebastianes:** "Eu arrisco dizer que o conhecimento é uma porta para o início de tudo. E você entra nesse lugar e tem várias janelas, abre a perspectiva.

O conhecer desperta a vontade de aprender mais, e também o desejo de gerar habilidades, para aplicar o que já se sabe, e o que ainda se vai saber. Mas, sem engajamento, não vejo como ser assim. Sendo assim, sem habilidades, muito menos. Já vi muitos fazendo valer muito as suas habilidades, e infelizmente também vi muitos não darem vida aos seus diplomas."

- **Adrielle Ratund:** "Penso que ter um diploma, principalmente apenas de graduação, virou 'status' ou um 'algo a mais pra encher currículo'. Há tantas facilidades pra ter um diploma hoje em dia. Tantas instituições mal preparadas, cursos a distância mal planejados... Creio, sim, que uma formação é superimportante para dar embasamento, dar um norte sobre a carreira. Mas a experiência... ah... essa até quando a situação é ruim serve de aprendizado. Ter uma vivência, algo que aconteceu realmente com você, faz toda a diferença nas suas próximas atitudes ou escolhas. Inclusive, em muitas empresas, o RH tende a optar por recrutar mais candidatos com alguma experiência do que apenas com formação. Reitero que ter a base da profissão escolhida não é dispensável (obviamente há profissões em que o diploma é obrigatório), mas o nível de empenho pessoal é que vai abrir os leques, direcionar as experiências e diferenciar o bom profissional."

- **Marcelly Ferrari:** "Diplomas abrem portas, habilidades constroem caminhos. No fim das contas, precisamos dos dois."

E você, o que pensa sobre isso?

Dizer que existe apenas uma forma de avaliar esse cenário é trazer uma fórmula pronta, desconsiderando as diversas variáveis que constroem uma carreira. E essa não é a proposta deste livro.

Foi por isso que selecionei as melhores opiniões, e as mais diversas, para nos permitir uma reflexão mais ampla sobre o tema.

Muito obrigado aos amigos e amigas que me ajudaram a construir esse tema.

TRABALHAR DEMAIS NÃO É SINÔNIMO DE ENGAJAMENTO

Ser um profissional disponível é bom ou ruim? Disponibilidade demonstra comprometimento, dedicação, arrojo. Certamente, são características valorizadas pelas empresas. Em uma eventual promoção, esses atributos contarão a seu favor.

Agora, devo alertar você para um fator importante: o equilíbrio. Estar 100% disponível pode prejudicar a sua ascensão profissional. Explico.

Com as facilidades criadas pela tecnologia, as pessoas perderam completamente a noção de horário, fins de semana, feriados etc. Se eu me lembrei de algo, basta enviar uma simples mensagem para você e tirar essa preocupação da cabeça. No entanto, todo esse aparato tecnológico mudou a concepção de velocidade nas comunicações, e então as respostas precisam ser cada vez mais imediatas. Tanto para quem enviou a mensagem como para quem recebeu, a pressa em responder se fará presente. Quando se der conta, você estará respondendo a mensagens num domingo durante o almoço em família.

E qual é o problema disso?

Respondo com outra pergunta: e quando você não estiver disponível? As pessoas vão compreender? E quando você estiver brincando com os seus filhos, vai ficar tranquilo e conseguir viver o momento sem a preocupação de ser requisitado?

A disponibilidade pode ser boa ou ruim, dependendo da sua capacidade de equilibrar as coisas.

Algumas dicas para ajudar você:

1. **Valorize o seu tempo** — Para que responder a um e-mail às dez da noite se o assunto não poderá ser resolvido naquele momento? Se você fizer isso, as pessoas poderão se acostumar com essa postura. Caso queira responder para otimizar o tempo, redija a mensagem, mas só a envie pela manhã.

2. **Resultado vale mais que disponibilidade** — Muitos profissionais fazem questão de demonstrar que são disponíveis para mascarar a falta de resultados. Então, o "conta comigo" se torna uma alternativa para a ineficácia. Faça o que precisa ser feito e não vai ser preciso provar nada a ninguém.

3. **Seja 100% presente** — A sua presença é mais importante do que a sua disponibilidade. Não adianta estar disponível e não estar presente. Nas horas dedicadas ao trabalho, faça acontecer, mergulhe fundo. E, nas horas dedicadas à família, ao hobby, à atividade física, entregue-se ao momento. As pessoas estão disponíveis para tudo, mas presentes em quase nada.

Quero deixar claro que não existe problema algum em ser um profissional disponível, mas é você quem deve controlar a sua disponibilidade, e não as outras pessoas. Esteja disponível para contribuir, fazer-se presente, e jamais para parecer mais competente. Competência se prova com resultados.

VOCÊ PODE ACELERAR
A SUA CARREIRA

Eu acredito que cada um determina o tempo para trilhar a sua trajetória. Sei que existem inúmeras histórias de pessoas que alcançaram a realização após os 50, 60 anos de idade. Não há nada de errado com isso.

Mas também temos muitos casos daqueles que construíram grandes projetos ainda muito jovens. Qual a diferença? Sinceramente, não sei. Jamais encontraram essa fórmula, e, se lhe disserem que ela existe, desconfie.

Precisamos questionar a crença de que tudo tem o seu tempo para acontecer. Quem controla esse tempo? Acreditar nisso é designar ao destino sua vida e carreira.

Eu prefiro acreditar que nós podemos assumir o controle dessa trajetória. Você pode me questionar: "Alê, e o acaso?" Obviamente, existem variáveis que não controlamos, eu sei. Mas será que você tem cuidado, de fato, das variáveis que estão sob a sua gestão?

Acredite, você pode acelerar a sua carreira!

Aos 22 anos de idade, eu vivia a pior fase da minha vida, sentia-me no fundo do poço. Estava sem grana, tinha perdido meu carro, dormia na sala da casa de um amigo, enfim, eu não estava no controle da minha vida. Acreditei por muito tempo que as coisas se resolveriam.

Um dia, enquanto dormia, senti algo estranho no meu pescoço. Por um reflexo, dei um tapa e esmaguei uma barata. Levantei rapidamente, fui ao banheiro me limpar e, ao retornar, passei pela cozinha e observei que na pia, em meio à louça suja, dezenas de baratas faziam a festa em nossa bagunça. Não consegui dormir naquela noite. Eu me senti um lixo por me permitir estar naquela situação.

O que aconteceu a seguir eu chamo de incômodo produtivo. Transformei aquela revolta em uma vontade intensa de transformar a minha vida. Descobri que as coisas não se resolvem; nós resolvemos as coisas. E comecei imediatamente: lavei toda a louça, limpei a casa e passei dias planejando a minha virada. Eu precisava olhar além das paredes daquele mundo em que estava inserido. As pessoas, o ambiente e a necessidade de sobreviver nos aprisionam.

Precisei desse tapa na cara para desenhar projetos, procurar novas oportunidades e mudar a minha realidade. Eu tinha que acelerar a minha carreira e fiz isso. Resumindo, em apenas um ano eu mudei de emprego, aluguei um apartamento, comprei um carro e reencontrei a minha autoconfiança e dignidade.

E essa aceleração começou com uma provocação necessária que faço a todos os meus clientes: qual é o seu ponto de diferenciação?

A sua aceleração de carreira será proporcional ao seu nível de destaque. Levei alguns meses para descobrir o meu, pois eu não tinha método nem consciência disso. Mas me dei conta de que tinha algumas características que me destacavam dos demais. E, ao tornar isso claro para mim, tornei notório para o mercado.

Como encontrei o meu ponto de diferenciação?

Na época, eu era coordenador de uma franquia de cursos profissionalizantes. Eu ia a treinamentos para coordenadores e todos os participantes eram iguais, reclamavam das mesmas coisas e tinham os mesmos problemas. Então me perguntei: como posso ajudá-los a resolver esses problemas?

Criei projetos, apresentei para a rede e me tornei coordenador estadual. O trabalho ganhou reconhecimento nacional, mas as portas não se abriam para uma nova posição. Então, novamente, olhei para o mercado e pensei: "Quem mais poderia se beneficiar dos meus projetos?" Bati na porta de várias empresas e fui contratado por uma rede de franquias de idiomas para coordenar a área de treinamentos em todo o país. Dessa forma, passo a passo, fui resolvendo o problema das organizações, posicionando-me e subindo degraus. E essa estratégia me acompanha até hoje.

Como encontrar o seu ponto de diferenciação?

Sei que você deve estar curioso para encontrar o seu diferencial. Vou ajudar você! Já adianto que não existe fórmula mágica e que isso não é um atalho para a sua carreira. Você não vai cortar caminho; vai acelerar a sua jornada.

Um diferencial começa a ser percebido quando você se destaca **resolvendo problemas comuns:**

- Quais problemas são comuns no meu segmento? Olhe para o seu entorno, investigue as principais dores das pessoas, da empresa, do seu mercado. Mas não olhe apenas para o seu mundo; vá além. Pense nos concorrentes, nos clientes, nos investidores, enfim, em todo o contexto que envolve a sua atuação.
- Quais problemas você resolve? Dos problemas encontrados, separe um a um e construa a sua linha de ação para combater aqueles que envolvem as suas aptidões.
- Como posso transformar isso em um método? Pense nos detalhes, no passo a passo, nas estratégias. Aplique o método, corrija as etapas, mensure os resultados, torne isso algo de valor.

Comunique o seu método. Esse é o famoso "pulo do gato": desenhar o seu método e torná-lo ensinável para outras pessoas. As pessoas começam a desejar aplicar aquilo, e o seu método se torna um modelo, o seu jeito de fazer.

Ser um solucionador de problemas é um passo fundamental para começar a sua estratégia de diferenciação. Comece agora, não espere mais. A sua carreira merece essa aceleração.

NÃO NEGOCIE COM A PREGUIÇA

Ninguém resiste a um bom desafio

Ganhar mais é uma questão de mérito, e não de imposição. Quando chegamos a esse ponto, é sinal de que alguma coisa está errada na relação profissional. Talvez você não esteja realmente merecendo ganhar mais; talvez mereça, mas não esteja projetando bem a sua imagem; ou esteja fazendo tudo certo, mas o mercado insiste em não valorizá-lo. De qualquer forma, vamos deixar uma coisa bem clara: o problema é seu! Guarde isto: você é o único responsável pela sua valorização profissional.

Responda sem pestanejar: por que você merece ganhar mais?

Se a empresa em que você trabalha não o remunera como você acredita que mereça, está na hora de refletir seriamente sobre isso. Se os únicos argumentos que você consegue formular para convencer o seu chefe são o tempo de empresa, o seu grande esforço e o seu comportamento exemplar, esqueça! Não que esses atributos sejam descartáveis, mas eles não são suficientes para merecer um aumento. Também não funciona você se colocar na posição de vítima, demonstrando-se insatisfeito ou injustiçado.

Aumento é merecimento! Mas eu sei o que você deve estar pensando agora: "Alê, eu sou determinado, comprometido, entrego resultados, mas, ainda assim, o aumento não vem. O que fazer?". Permita-me apresentar os dois cenários possíveis neste momento:

1. **Conversa franca e direta com o seu superior:** existe uma grande diferença entre reclamar que está

ganhando abaixo das suas expectativas, pedir um aumento e propor um desafio. O meu conselho sempre é "desafie a empresa". Perceba a diferença entre ambos os gestos:

a. Reclamando: "Chefe, já estou há dois anos na empresa e o meu salário não sofreu nenhum reajuste. Tenho avaliado o mercado e constatei que a minha remuneração está abaixo da de outras empresas. O que nós podemos fazer em relação a isso?"

b. Pedindo um aumento: "Chefe, eu acredito que tenho me empenhado, sou comprometido e os resultados são evidentes. Nesses dois anos de empresa, já provei que você pode contar comigo. Eu preciso continuar investindo no meu desenvolvimento, tenho alguns planos pessoais e quero discutir a possibilidade de um aumento."

Veja que a segunda opção não é ruim, mas pode ficar muito melhor se você adicionar um desafio a esse pedido: "Chefe, eu sei que o mercado não está fácil pra ninguém, mas eu quero lhe propor uma forma de viabilizar o meu aumento. Tenho notado que a área financeira possui diversos controles que estão defasados, e isso impacta em nossa produtividade e receita. Nos últimos dois anos, tenho me aperfeiçoado nisso e acredito que posso contribuir ainda mais nessa área. A minha ideia é aumentar a nossa produtividade e ampliar a receita em 20%. Se eu conseguir isso nos próximos 60 dias, você aumenta o meu salário?"

O mercado clama por profissionais que se comportem como empreendedores e compreendam o seu verdadeiro papel dentro de uma organização: entregar resultados.

Na minha carreira, já encarei muitos desafios como esse e nunca recebi um "não". E sabe por quê? Simples: ninguém resiste a um profissional que sabe do que é capaz, que tem o imenso desejo de fazer a empresa crescer e, principalmente, que vale cada centavo do que recebe.

Portanto, não peça aumento: faça valer o seu aumento! Valorize-se e a recompensa virá!

Eu disse que teria dois conselhos para lhe dar. O primeiro foi este: proponha um desafio. O segundo é uma questão de decisão na sua carreira:

2. **Proponha esse desafio para outra empresa:** isso mesmo. Se você tem demonstrado capacidade e comprometimento, entrega resultados, propõe desafios e nada acontece, caia fora. Mas calma: é preciso se planejar para isso. A pior coisa é ir para o mercado desesperado por um emprego. Isso vai fazer você aceitar qualquer proposta. O melhor momento para buscar uma nova oportunidade é quando não se está precisando, quando as contas estão pagas. Portanto, se decidiu sair, organize-se, converse com alguns

colegas que estão em outras empresas, faça uma boa poupança e planeje a sua saída.

As pessoas compram a sua história e a energia que você emite

Mesmo que você tenha decidido sair da empresa, jamais diminua o seu ritmo de trabalho. É preciso deixar saudade por onde passar. Se você baixar o seu desempenho, não vai merecer nem mesmo o que está ganhando.

Uma carreira é construída por meio de uma reputação. Não permita que as pessoas ou o ambiente determinem o alcance do seu potencial.

O ENGAJAMENTO NA TRANSIÇÃO DE CARREIRA

Lembro como se fosse hoje. Eu estava em uma aula do MIT e nós tínhamos alguns projetos para apresentar. Cada grupo tinha um tema diferente; o meu era gestão de conflitos.

No dia anterior, em uma das discussões da aula, tínhamos entrado em um debate sobre transição de carreira. Como contribuição, contei um pouco sobre a minha carreira, as decisões que tomei e o fato de hoje viver a minha vocação. Além disso, mostrei como utilizo essa experiência e a minha metodologia para contribuir com a evolução de carreira de outras pessoas. Naturalmente, isso chamou a atenção de todos ali, afinal, quem está investindo alto para uma formação no MIT tem uma forte preocupação com a sua própria carreira. Infelizmente, o tempo era curto e não poderíamos centrar todo o foco nesse tema.

No dia seguinte, diversos grupos apresentaram seus temas, sendo um deles a transição de carreira. Para a minha surpresa, dos 15 minutos disponibilizados para o grupo, eles reservaram os últimos cinco minutos para uma contribuição minha ao tema. Obviamente, fiquei muito honrado com isso e, ao mesmo tempo, feliz por perceber que as pessoas estão cada vez mais interessadas em dedicar a sua carreira a fazer algo para os que tenham talento e desejo de atuar. Ninguém quer mais se aposentar aos 50 anos. Afinal, vamos viver até os 100. O que fazer com os cinquenta anos que restam? As pessoas querem se sentir produtivas, e, principalmente, realizadas, e a carreira é um dos fatores cruciais dessa realização — para quem tem a carreira como um valor fundamental na sua vida, claro.

Não estou defendendo que a carreira seja o único fator de realização em nossa vida. Conheço pessoas que estão muito bem vivendo os seus papéis como mãe ou pai de família, viajando pelo mundo por meio de recursos acumulados durante alguns anos. Também conheço pessoas que chegaram a um certo patamar da vida profissional e ali querem ficar. Não desejam ir além. Não existe regra para a realização; cada um tem a sua própria definição de sucesso, e é só isso o que importa. Mas fique atento a dois cuidados:

1. **Não viva segundo as imposições da sociedade**: as pessoas criam máscaras de sucesso. Nós acreditamos que, se não conquistarmos isto ou aquilo, seremos um fracasso. Quem disse que sucesso é ter um carro que chame a atenção, uma cobertura duplex e viajar de primeira classe? Quem disse que feliz é somente aquele que trabalha 16 horas por dia, comanda grandes operações e ganha muito dinheiro? Será mesmo que, se eu não alcançar o meu primeiro milhão, vou

NÃO NEGOCIE COM A PREGUIÇA 129

ser um fracassado? Isso é uma grande estratégia dos gurus da motivação para vender mais e mais ingressos para seus cursos: mostrar que você está sempre longe do ideal de uma vida plena. Então, eles postam suas fotos em aviões particulares (que nem deles são), carros de luxo, paisagens incríveis recheadas de frases de impacto do tipo: faça como eu faço. É uma forma de criar um exército de frustrados que vão continuar em busca de fórmulas prontas de "sucesso". Não vá nessa linha; busque o seu sucesso, a sua realização. Confesso que, durante muitos anos, fui iludido com isso e sofri muito, não pela dificuldade de conquistar essas coisas, mas pela completa incoerência com os meus valores. Hoje vivo muito bem com um carro popular (mesmo podendo comprar um carro de luxo), um apartamento confortável (que não tem espaços imensos sobrando) e podendo viajar algumas vezes por ano. Isso é realização para mim: trabalhar no que eu amo, ter tempo para a família e os amigos, conseguir chegar cedo em casa e cozinhar para a minha esposa. Para mim é o suficiente; essa é a minha ambição de vida. Deve ser pouco para alguns, muito para outros e o ideal para outros tantos. Não importa. Se me completa, é isso o que vale.

2. **Não minta para você mesmo:** se ter um carro de luxo, um apartamento duplex, um barco e um avião é importante para você, então lute por isso. Não querer é muito diferente de desistir. Muitas pessoas não

querem se frustrar, então diminuem as expectativas em relação aos seus objetivos. Isso não vai ajudá-lo; vai apenas frustrá-lo mais tarde. Da mesma forma, se construir uma carreira notável é importante para você, coloque sua energia nisso. A frustração pode vir um dia caso você não consiga, mas é muito pior conviver com a frustração diariamente por não ter a coragem de tentar. Isso é o que chamamos de perder o jogo antes do jogo.

Durante uma daquelas sessões desafiadoras com um executivo, perguntei: "Como você enxerga o seu futuro nessa empresa?" Ele me respondeu: "Não tenho a ambição de ser CEO ou alçar voos muito mais altos por aqui!" Fiquei intrigado com a resposta, então continuei: "E por que não?" Ele respondeu: "Aqui não existe meritocracia. O corporativismo interno me impediria de alcançar isso!" Percebi claramente o que estava acontecendo e fui obrigado a provocá-lo: "Você não quer ser CEO ou desistiu?" Notoriamente, ele estava mentindo para si mesmo, minimizando as suas expectativas para não ter que lidar com uma possível frustração. Vejo constantemente as pessoas fazerem isso com sua vida e carreira.

Esses indivíduos afirmam para si mesmos e para os outros que estão satisfeitos com o seu estado atual, mas, internamente, corroem-se com a conquista dos que estão mais próximos. Não necessariamente por inveja, mas por desejarem trilhar um caminho parecido. "Sou gordinho, mas sou feliz!" — frase costumeiramente dita por aqueles que cotidianamente se frustram por não conseguirem aderir a um estilo de vida saudável.

Se você está fora do peso e se sentiu ofendido com a minha colocação, não fique. A intenção não foi essa. Você pode ser um gordinho feliz, não há nada de errado com isso. O erro está em assumir uma determinada posição para acobertar uma frustração. A mesma coisa acontece com aqueles que não conseguem controlar os seus gastos e não constroem uma reserva financeira. Facilmente você os ouvirá dizer: "Dinheiro é feito para gastar!" Você pode realmente acreditar nisso, não o estou julgando, mas, se não acredita, não se iluda.

Você sabe, já defendi muito isso aqui: eu não acredito em fórmulas para ser feliz e ter sucesso, mas uma regra é vital: não se engane. Tenha responsabilidade pelas suas decisões. Não quer? Então não faça. Quer? Faça! Não use artifícios covardes para fugir dos seus anseios. Você vai pagar essa conta!

Perceba que, em ambos os pontos, existe uma coisa em comum: seja verdadeiro e siga os seus próprios princípios.

EM ALGUM MOMENTO VOCÊ VAI PRECISAR FAZER UMA TRANSIÇÃO DE CARREIRA

Isso é um fato: toda e qualquer carreira, mais cedo ou mais tarde, precisa passar por uma transição. Por vezes isso é planejado, mas, na maioria das vezes, as transições acontecem por obrigação. Percebe do que estamos falando aqui? Sim, engajamento! Estou afirmando que, dentro do seu planejamento de carreira, a transição precisa ser levada em consideração.

O que eu vejo todos os dias são profissionais que, mesmo bem-sucedidos em suas áreas, experimentam, com o passar dos anos, uma frustração, pois não veem mais sentido em fazer o que fazem todos os dias. Óbvio que certas pessoas, mesmo incomodadas, não se permitem sair do estado atual pelo conforto e medo de se arriscar em um novo projeto. Eu respeito essas pessoas, mas, ainda assim, preciso dizer que falta engajamento com a sua carreira. Faltou engajamento para planejar um caminho e falta agora para ter a coragem de tomar uma decisão e conseguir viver a sua plena realização pessoal e profissional.

Quanto mais cedo pensar na sua transição de carreira, melhor

Mesmo as pessoas plenamente felizes com a profissão terão que fazer uma transição. E isso é diferente de se reinventar. Temos que nos reinventar a todo momento para acompanhar a nossa profissão diante das transformações do mundo e do mercado. Mas isso é tema de outro livro (um ótimo livro, aliás — *A reinvenção do profissional*). Só quero que você entenda que a reinvenção é constante, e a transição é planejada.

Sou apaixonado pela minha profissão. Seja inspirar as pessoas por meio de palestras ou desenvolvê-las em treinamentos e processos individuais e consultorias organizacionais. Sou tão apaixonado que chega a ser um vício. Quero fazer isso durante a minha vida toda!

Disse isso para mostrar a você que, mesmo querendo fazer isso durante a vida toda, vou precisar fazer uma transição na minha carreira. E, se eu não começar agora a pensar nisso, vai ser preciso acelerar essa transição daqui a alguns anos, e pode ser tarde demais para os meus anseios de vida, financeiros etc. Faço quase uma centena de palestras todos os anos, viajo quase todas as semanas e, obviamente, fico muito longe de casa. Por quanto tempo vou suportar isso?

NÃO NEGOCIE COM A PREGUIÇA

Preciso planejar uma forma de diversificar o meu negócio e criar fontes de receita sem estar 100% do tempo na estrada para faturar. Ou começo a planejar isso agora ou, daqui vinte anos, vou ter que fazer isso por conta da minha saúde ou por culpa, por passar tempo demais longe da minha família.

E essa lógica serve para todas as decisões de carreira:

- diminuir a carga horária de trabalho sem prejudicar o faturamento;
- mudar de profissão;
- abrir um negócio;
- curtir a aposentadoria viajando pelo mundo e estudando;
- tornar-se um escritor;
- enfim, viver da forma que lhe traga mais realizações.

A transição é parte do seu engajamento de carreira

Isso precisa estar muito claro para você. Pensar na carreira e só incluir a transição nesse plano é um erro. Não espere a necessidade chegar para pensar nisso; comece a se incomodar agora.

Para ajudar você com isso, vou lhe dar algumas dicas que aprendi com dezenas de pessoas que me permitiram acompanhá-las nesse processo.

1. **A vida sempre vai testar você:** não existe nenhuma ciência nisso; é uma crença baseada nas minhas

experiências. Não vai ser fácil, seja pelas barreiras impostas pelo mundo ou pelos bloqueios criados pelo seu mundo interno. Todo processo de mudança dói, mesmo que seja para a melhor. Falei logo no primeiro texto deste livro que a principal função do nosso sistema é nos proteger. Logo, ele vai jogar contra essa mudança. Mas cabe a você compreender esse processo e passar por essa fase.

2. **Você vai precisar de novas habilidades e de uma nova percepção:** nos últimos anos, tenho ajudado muitos profissionais a se tornarem palestrantes. São pessoas muito bem-sucedidas nas suas carreiras, algumas até celebridades do esporte, da música, da TV. O maior desafio não é saber o que falar, pois as histórias são instigantes. A questão é que as habilidades que trouxeram as pessoas até aquele momento não valem para esse novo momento de carreira. Vai ser necessário adquirir novas habilidades, e isso incomoda muito, pois ninguém gosta de ser colocado frente a frente com as suas próprias incompetências. Nessa hora, muitos desistem, pois dá muito trabalho. Além disso, é fundamental instalar uma nova percepção e, por vezes, reiniciar o sistema. Imagine um atleta campeão, admirado, famoso e muito respeitado pelas suas conquistas. Esses predicados são úteis para levá-lo ao palco, mas não garantem que as pessoas vão gostar da palestra e que a carreira de palestrante vá decolar. O que esse profissional precisa se dar conta é de que está começando uma nova carreira.

NÃO NEGOCIE COM A PREGUIÇA   137

E isso também incomoda muito. Da mesma forma, um executivo que trilhou uma carreira exitosa, que tinha todos os recursos de uma corporação à sua disposição, vai sofrer muito ao perceber que, ao fazer a transição, será direcionado a um recomeço. O único caminho é mudar a sua percepção, permitir-se seguir em frente e encarar essa realidade.

3. **O indicador precisa sempre ser você:** um amigo me perguntou recentemente: "Alê, como saber se a persistência não virou teimosia?" Pergunta importante. O meu conselho é sempre o mesmo: olhe para você. Quando iniciei a minha empresa, em 2008, o mercado estava sofrendo com a crise mundial. As empresas no Brasil estavam segurando investimentos e tentando sobreviver, ou seja, treinamento não era prioridade. Foi um período muito difícil, de muita luta e resiliência. Logo, se o meu indicador fosse o mercado, eu teria desistido antes de completar o segundo ano. E foi exatamente nesse período, em 2009, que recebi diversas propostas para voltar ao mercado corporativo e assumir posições como executivo. Faltava grana, as ofertas eram tentadoras, o mercado não ajudava, mas eu acreditava em mim, no meu trabalho. E esse indicador ninguém poderia me tirar. Portanto, por mais difícil que esteja, se você REALMENTE acreditar no seu potencial de realização e fizer a coisa certa na hora certa, o jogo vai virar. E o contrário também é verdadeiro. Não é porque o mercado está em alta que você vai dar certo no seu empreendimento. Não

é porque *food truck* virou moda que todo mundo vai ser bem-sucedido nesse ramo. O indicador não é o mercado, é você. Mas veja bem: confiar em si mesmo nem de longe é um daqueles conceitos motivacionais baratos. Se você não tem vocação, conhecimento e competência para realizar o trabalho, pode confiar o quanto quiser em si mesmo que ainda assim vai quebrar. Você precisa ser bom no que faz. Portanto, analise o contexto geral, a concorrência, peça feedback de pessoas críticas, submeta seu projeto a análises sérias. Somente assim você vai ter confiança, de fato, no seu potencial de entrega.

4. **Planejamento, planejamento e planejamento:** quanto antes você pensar nisso, mais estratégico e assertivo será no processo de transição da sua carreira. Ouço pessoas dizerem, e isso me incomoda muito, que já passou a hora de mudar ou que os seus compromissos financeiros não possibilitam que elas mudem. Vamos refletir sobre isso. Em primeiro lugar, nunca é tarde. Não existe um fator inibidor de tempo ou idade; essa barreira é somente sua. Não tem nada a ver com o mercado; é questão de acomodação e medo. E, sobre os seus compromissos financeiros, talvez você não possa executar hoje, mas traçar um plano, desenhar a transição, guardar dinheiro e preparar o processo, isso você pode fazer agora. Se não fizer, daqui a alguns anos vai dizer para as pessoas: "Estou velho demais para isso." Eu quero morar em

Boston. Não consigo isso agora, tenho muitas coisas para realizar no Brasil ainda, mas, pode apostar, já comecei a desenhar essa transição.

Fiz questão de encerrar este capítulo sobre carreira falando sobre transição, pois quero que você entenda de uma vez por todas: ou você se engaja agora ou a necessidade vai obrigá-lo a viver uma vida de poucas realizações. Você merece muito mais do que isso.

VOCÊ É **ENGAJADO** OU **COMPROMETIDO** COM A SUA CARREIRA?

Marque **V** para verdadeiro ou **F** para falso para as perguntas abaixo:

☐ Você sente que emprega o máximo dos seus recursos racionais e emocionais no seu trabalho?

☐ Ou sente, no final do dia, que o seu empenho poderia ter sido mais intenso?

☐ Um considerável esforço emocional é necessário para realizar o seu trabalho? Existe sofrimento só de pensar nas coisas que precisa entregar?

☐ Existe concentração no que você faz? Você se percebe 100% presente no seu trabalho?

☐ Os objetivos são claros? Você sabe aonde quer chegar?

☐ Você tem uma sensação de gratidão frequente, como se a vida tivesse lhe premiado com uma carreira?

☐ O envolvimento é intenso e natural? Você quer realmente estar ali?

☐ Se pudesse escolher, estaria fazendo esse trabalho?

☐ Existe um senso de controle? Você sente que tem poder de decisão na maior parte de suas atribuições cotidianas?

☐ Você é congruente com os seus valores? Quando está fazendo o seu trabalho, sente-se bem, que ele o completa?

☐ Ou algumas vezes você sente que está ferindo alguns valores importantes para você?

☐ Você sente total domínio para realizar o seu trabalho? Existe um método claro e eficaz que conduz as suas ações?

☐ Existe continuidade na sua carreira?

☐ Ou você está sempre recomeçando e buscando alguma coisa que não sabe bem o que é?

Resultado: com base nas suas respostas, você se considera engajado ou comprometido com a sua carreira?

PONTO DE CONEXÃO 2:

O ENGAJAMENTO E A SUA LIDERANÇA

Um líder jamais vai extrair das pessoas o que elas não têm, portanto, desenvolva-as.

Alê Prates

O ENGAJAMENTO E AS GERAÇÕES

Não vou falar neste livro sobre a diferença entre as gerações, os conflitos e os anseios dos diferentes perfis de profissionais presentes no mundo corporativo. Existem muitas obras com esse intuito, e elas certamente embasam esse tema muito melhor do que eu.

No entanto, quero discutir alguns pontos adicionais sobre o engajamento para as diferentes gerações. Nos últimos dez anos, convivi de perto com o tão aclamado discurso sobre o conflito de gerações nas organizações. Confesso que, durante algum tempo, eu me questionei: de onde vem esse conflito?

A minha experiência e as inúmeras conversas com os profissionais das mais diferentes áreas e gerações me ajudaram a esclarecer a percepção, e eu concluo, sem nenhum receio: o conflito nasce na liderança. Vamos compreender isso mais profundamente.

Um conflito ocorre quando temos opiniões divergentes, defendemos causas opostas ou queremos coisas diferentes. Analise um cenário comigo.

A famosa Geração Y (ou Millenium) foi amplamente estudada, e alguns conceitos se apresentaram sobre o perfil desses jovens. Chegou-se à conclusão de que os nativos de tal geração desejam trabalhar em empresas que lhes proporcionem reconhecimento, oportunidade de crescimento, metas claras e desafiadoras. Além disso, eles querem se sentir parte e, a partir do seu trabalho, conquistar um padrão de vida superior. Também fica claro que é uma geração que não aceita se subordinar a qualquer um, não se curva à maioria das regras, procedimentos e planos de carreira fantasiosos que as empresas praticam e não pretendem ficar anos na mesma corporação só para um dia, talvez, subir de cargo. Diante disso, reflita comigo: a Geração X quer alguma coisa diferente disso? É claro que não! Todos, independentemente da geração, queremos uma empresa que nos valorize, que nos dê oportunidade de aprender, crescer e contribuir e que, acima de tudo, reconheça a nossa atuação e os resultados que conquistamos.

A nova geração de profissionais quer mais das organizações do que as gerações passadas. Uma pessoa com 50 anos hoje pensa, deseja e age diferente de uma pessoa que tinha essa mesma idade há vinte anos. Logo, a empresa que constrói um ambiente saudável, que permite às pessoas serem elas mesmas e colocar o seu melhor em jogo, certamente não terá conflitos.

Ouço dizer inúmeras vezes que os membros da Geração Y são menos comprometidos com as empresas e mais focados na carreira, que não respeitam a hierarquia e não valorizam as oportunidades oferecidas. Concordo que muitos

NÃO NEGOCIE COM A PREGUIÇA 149

profissionais são assim, mas não apenas os mais jovens. A Geração Y é tão descontente com as empresas quanto a X ou qualquer outra geração. A questão é que as pessoas com mais idade, naturalmente, assumiram mais responsabilidades na vida — pagam aluguel, têm filhos, sustentam uma família —, logo, não podem perder o emprego.

As gerações são diferentes, mas não nos seus anseios, e sim nas suas competências, no seu modo de ser e agir. Você, líder de uma geração mais jovem, deseja a mesma coisa que eles. A questão é que a vida lhe trouxe maturidade, experiência, conhecimento, virtudes que lhe permitem agir com maior ponderação e assertividade. E hoje, na liderança, você se depara com profissionais que desejam chegar ao seu patamar, mas que possuem, é claro, um tempo de vida que não lhes permite enxergar o que você (hoje) enxerga.

Portanto, uma pergunta é fundamental: onde está o conflito de gerações? O conflito está na liderança, na maneira como eu compreendo as inevitáveis diferenças e ajo diante delas. O conflito é minimizado quando você investe em duas ações cruciais na organização:

1. **Educação:** isso mesmo, educação! Nós, líderes, precisamos compreender que estamos diante de um déficit educacional no Brasil. As escolas nunca foram tão precárias, por isso os jovens saem do ensino básico sem aprender o básico. As universidades formam técnicos sem nenhuma noção de mercado e visão de carreira. Os pais, cada vez mais ausentes, terceirizaram a educação de seus filhos. Como consequência,

os jovens chegam ao mercado de trabalho cada vez menos preparados cientificamente, profissionalmente e, sobretudo, moralmente.

Então, compreenda que o líder que não dedicar tempo e energia à educação dos jovens profissionais vai continuar reclamando e colhendo os frutos de uma gestão que não acompanha as mudanças. Permita-me não entrar na discussão quanto a ser ou não papel do líder educar, mas não posso me furtar a dizer que, quer você concorde ou não, educar as pessoas é uma atribuição que você não pode deixar de exercer com afinco.

O tempo que você dedicar a ensinar as pessoas sobre carreira, mercado, estratégia e resolução de problemas vai retornar para si como resultado. A energia que você dispensar permitindo que as pessoas participem das decisões será recompensada com o engajamento delas. O seu desprendimento em dar feedback, elogiar, reconhecer, conversar será valorizado com a evolução do seu time. Agora, se você me perguntar qual é o maior de todos os ensinamentos que você pode trazer para as pessoas, eu elegeria este: VALORES. Quanto mais firmes forem os valores de uma pessoa, mais claros estarão para ela os motivos pelos quais vale a pena se entregar a um projeto, a uma empresa, e quão gratificante é lutar por alguma coisa em que se acredita.

2. **Evolução da sua gestão:** o modelo de gestão da empresa e a maneira como a liderança dissemina

essa cultura são os maiores causadores dos conflitos internos, principalmente nas organizações que operam por processos rígidos e possuem uma hierarquia engessada, que desmotiva uma geração (independentemente da idade) que deseja liberdade de atuação e participação. As empresas precisam se reinventar e quebrar os padrões hierárquicos que inibem uma participação ativa e engajada. As pequenas e médias empresas saem na frente nesse quesito por causa de sua estrutura enxuta, e conseguem oferecer uma participação mais efetiva e colaborativa, pois a facilidade de administrar os processos e decisões permite aos profissionais envolver-se em diversas áreas e setores da organização, podendo, inclusive, ser ouvidos nas decisões.

O grande choque é cultural, pois a liderança e, como consequência, as organizações não evoluíram na velocidade que o mundo corporativo e as novas gerações têm exigido.

Por fim, esteja perto do seu time. A distância aumenta o conflito e afasta qualquer possibilidade de alinhamento de pensamento e valores. Faça valer a sua experiência e conquiste as pessoas. Você, líder, deve ser um mentor para a sua equipe. Transmita experiências e extraia o melhor de cada um, permitindo que eles participem, contribuam e cresçam.

Existe algo muito maior que gera engajamento!

E ninguém está falando disso. Já ouvi dezenas de pessoas no Brasil e nas escolas pelo mundo enfatizarem em alto e bom som que a nova geração precisa de um propósito para se engajar. Que sem uma causa essa geração não vê sentido em trabalhar para uma organização. Por fim, as pessoas dizem que essa geração quer trabalhar em uma empresa cuja missão seja transformar o mundo. Isso não é verdade!

Ninguém vai se engajar com uma empresa porque ela vai mudar o mundo. O engajamento acontece quando a empresa muda o meu mundo. Eu valorizo o bem que a empresa faz para a sociedade, mas o quanto eu estou sendo beneficiado com isso? O quanto estou aprendendo, crescendo, evoluindo? O que engaja é a sensação de progresso. Nós queremos, sim, defender uma causa, mas, antes de mais nada, precisamos defender a nossa própria causa. E não há nada de errado com isso. As pessoas estudam, enfrentam as pressões cotidianas e vivem mais horas no trabalho do que em casa por um simples motivo: querem se sentir realizadas, e não existe melhor forma do que evoluir pessoal e profissionalmente.

Mesmo as pessoas plenamente envolvidas em projetos sociais, que dedicam sua carreira ao terceiro setor, buscam e querem evolução pessoal. Elas querem fazer o bem, mas precisam estar fortes, plenas e realizadas para se engajar de fato.

Portanto, quer engajar toda e qualquer geração? Ajude os outros a construir um caminho de realização. Se não transformar o meu mundo, não me engaja!

O seu planejamento estratégico pode estar incompleto!

Vocês definiram propósito, missão e valores; desenharam a visão do negócio para os próximos cinco anos; definiram as metas, o plano, os indicadores de desempenho; compartilharam tudo isso com a empresa em um evento grandioso e... as pessoas não parecem engajadas com a causa. Então, contratam um palestrante motivacional que fala sobre comprometimento, dedicação, trabalho em equipe, mas isso não muda muita coisa. E, durante o ano, todas as tentativas são feitas e ainda sentem que não conseguiram envolver a todos. Qual é o problema?

O problema é que um planejamento estratégico mostra como a empresa pretende ganhar o mundo, mas não mostra às pessoas como o mundo delas vai se transformar com isso. Aí é que mora o grande desafio. Esse envolvimento não acontecerá durante o planejamento estratégico, nem mesmo em formato de dinâmica, *team building*, palestra, show etc. Para encontrar a resposta para "como a empresa vai transformar o meu mundo" será necessária uma conversa individual, um papo sincero, frente a frente, entre o líder e cada membro de sua equipe. Se a liderança não dedicar tempo para ouvir e compreender os anseios do seu time, esqueça; você terá, no máximo, pessoas comprometidas em seu quadro. E, certamente, um alto índice de rotatividade vai ser exposto nos seus indicadores e você vai continuar a culpar o perfil da nova geração.

O RH E A ETERNA LUTA PELO ENGAJAMENTO

Pesquisa de clima, testes de perfil, avaliação de competências, feedback formal, treinamentos, campanhas... nada disso parece surtir o efeito desejado no engajamento das pessoas.

Queremos pessoas plenamente engajadas, e, por mais que se faça, as discussões e ações insistem em voltar para o mesmo estágio.

Então, falamos sobre motivação, trabalho em equipe, meritocracia, participação nos lucros, e os ganhos não são tão evidentes assim. É fato que esses elementos mexem com as pessoas, mas geralmente ajudam no comprometimento, não necessariamente no engajamento. E vamos entender em breve o motivo.

A pergunta que persegue a gestão de pessoas é: O QUE MAIS PRECISA SER FEITO?

Para respondê-la, precisamos voltar nosso pensamento à essência das pessoas. Por que a maioria das pessoas tem tanta dificuldade de se engajar?

Se a resposta lhe parecer difícil, pense diferente: por que você tem tanta dificuldade de se engajar? Nesse momento você pensa: "Mas, Alê, eu sou muito engajado!" Por favor, permita-me fazê-lo pensar além dos muros do trabalho. Certamente existem áreas da sua vida em que as coisas não funcionam tão bem, certo? E não funcionam bem porque você não se engaja. Simples.

Então, independentemente do cenário, o engajamento nunca é uma tarefa fácil. E isso por um motivo óbvio e intrigante: as pessoas não sabem se engajar. Não fomos educados para o engajamento e sim para, no máximo, nos comprometermos: "decore esta fórmula"; "estude para passar na prova"; "se não estudar, não vai ter futuro".

Todos os comandos recebidos ao longo da vida não trouxeram motivação para nos engajar; eles só faziam parte do cumprimento de um processo. Então, mais óbvia do que essa informação é a conclusão a que chegamos: impossível conquistar o engajamento sem compreender os caminhos para isso.

Agora eu volto essa discussão para a gestão de pessoas. Você jamais vai extrair das pessoas o que elas não têm. Implemente todos os seus modelos e você pode até conquistar o comprometimento; ensine o caminho e, somente assim, você conquistará o engajamento.

Os últimos onze anos de carreira e as mais de duas mil horas dedicadas a processos de coaching me fizerem entender que as pessoas querem, mas não sabem se engajar.

O seu papel é facilitar esse caminho. Então, se eu pudesse lhe dar um conselho, diria: comece por si mesmo e descubra as minúcias da conquista do engajamento.

A ESPIRITUALIDADE
DO RESULTADO

Tirando o romantismo da história, nós sabemos que o motivador para iniciar e continuar esta leitura é apenas um: RESULTADO. Você quer, por meio dos conhecimentos obtidos aqui, melhorar o seu engajamento, o do seu time e alcançar os seus objetivos. Algum problema nisso? Nenhum.

Venho estudando o resultado há alguns anos e me dediquei muito a compreender os fatores que levam a ele. Embora o resultado, em um primeiro momento, apresente-se como um fator racional, minha experiência me fez crer que existem muitos elementos que transcendem a ele, que denominei de Espiritualidade do Resultado. Quando nos conectamos a isso, conseguimos atingir um nível elevado de consciência, desempenho e entrega.

O conceito da Espiritualidade do Resultado veio de uma constatação que, de tão evidente, tem sido ignorada pelas organizações.

O foco no resultado está adoecendo as pessoas e emburrecendo as empresas

A novela é sempre a mesma: os acionistas cobram os resultados, o CEO pressiona o time de executivos, que sufocam suas equipes, que, por sua vez, desgastam o mercado. A consequência disso? O mercado percebe o desespero, aperta as negociações, as margens diminuem, o lucro despenca... as metas aumentam e o ciclo vicioso recomeça.

Ninguém suporta mais esse jogo de entregar resultado a qualquer custo. E não podemos ignorar as consequências desse jogo. Está aí, para todo mundo ver: as pessoas estão cada vez mais enfrentando processos de depressão, pois

NÃO NEGOCIE COM A PREGUIÇA

vivem frustradas. Trabalham, dedicam-se e, no fim do mês, seu desempenho é completamente desvalorizado pelo não atingimento do resultado superestimado. E no dia seguinte começa tudo de novo.

Esse jogo não está valendo a pena, então, o que vemos nas organizações é um exército de indivíduos descontentes correndo desesperadamente para atingir os resultados da organização. Mas não se engane: isso não tem relação com a organização crescer, e sim com se manter empregado.

Vou lhe dizer sem nenhum pudor o real motivo desse modelo de gestão: é muito mais fácil agir assim. É doloroso, angustiante, mas é mais fácil. Você, gestor, que está lendo este livro agora, deve estar pensando: "Esse cara não tem a menor ideia do que está falando!" Não tenho a menor intenção de ser dono da razão, portanto, minhas opiniões se baseiam nas minhas crenças e experiências. E elas se reforçam a cada consultoria que realizo em diversas empresas pelo país: **cobrar resultado é muito mais fácil do que atribuir valor à sua gestão.**

Pare de se preocupar com as pessoas e demonstre interesse por elas

Cobre apenas resultados e você terá um exército de desesperados; ajude as pessoas a desempenhar e terá um time implacável.

Vejo isso com frequência nas organizações. Um líder vê uma pessoa do seu time um pouco triste, sem aquele brilho costumeiro, e pensa: "Que droga, isso vai prejudicar as vendas de hoje." Não seja esse líder. Aproxime-se, chame para conversar e tente, de alguma forma, reanimar o seu liderado. Não deixa de ser uma ação bacana por parte do líder, e muitos não fazem isso. No entanto, podemos notar claramente nesse exemplo a diferença entre se preocupar e estar interessado. Estar interessado é REALMENTE querer ajudar o outro, independentemente das suas metas diárias. Estar interessado é compreender que ali existe um ser humano, e não apenas um profissional que ajuda a alimentar suas planilhas de faturamento. Estar interessado é se perguntar: "Como eu posso ajudá-lo a se sentir bem?" Se você está pensando que esse não é o seu papel como líder, eu lhe convido a repensar, pois é, sim, uma das suas grandes atribuições como um gestor de GENTE. E não tem problema nenhum querer que a pessoa esteja com 100% do seu vigor para que os resultados aconteçam, afinal, isso não fará bem apenas para o negócio, mas também para o profissional. A questão crucial é o quanto você se importa com o outro, e isso não o leva a ser subserviente e aceitar tudo; longe disso. Em alguns momentos, mesmo sendo um líder interessado, você precisará dispensar um profissional. Mas aí entra outra pergunta: você fez o que precisava ser feito? Se a resposta for sim, tome a decisão com a certeza de que cumpriu o seu dever.

Talvez ainda não tenha ficado clara essa diferença entre se preocupar e se interessar. Então, permita-me esclarecer com uma coisa que vemos todos os dias no mundo todo.

Uma jovem executiva, competente, engajada, com total domínio e responsabilidade sobre suas funções, dedica

NÃO NEGOCIE COM A PREGUIÇA

grande parte da sua vida ao desempenho do seu cargo. Reconhecidamente, ela elevou o patamar da empresa, entregou resultados, enfim, cumpriu com louvor os objetivos traçados.

Essa jovem está prestes a realizar o sonho de ser mãe. Apesar de a gravidez não ter sido planejada, foi muito bem recebida e festejada. Imediatamente, ela comunica à empresa o acontecimento. Em paralelo, costura internamente a melhor forma de conduzir o processo com o time durante o seu necessário afastamento. Em um primeiro momento, a empresa recebe a notícia com naturalidade, mas isso rapidamente muda quando os seus gestores se dão conta de que a função vai ficar descoberta no período da licença. Mesmo sabendo da importância de uma gestão tranquila para a saúde da mãe e do bebê, a empresa — em busca do tão desejado resultado — faz movimentos obscuros que deixam a jovem insegura e com receio de se afastar em um momento que lhe é de direito. Então, eu pergunto: essa empresa está interessada na jovem profissional? Com toda essa insegurança, como vai ser o desempenho dessa jovem até o início da sua licença? E pior: após o nascimento do seu filho, como vai ficar a cabeça dela? Ela vai conseguir curtir esse momento com tranquilidade?

Perceba que o foco exclusivo no resultado destrói não só o desempenho profissional, mas impacta em todas as áreas da vida do ser humano.

Consegue analisar a Espiritualidade do Resultado com outros olhos depois dessa história?

Como essa jovem vai continuar ENGAJADA se a sua ENERGIA foi abalada pelo ambiente criado pela empresa?

Fatalmente o SENTIDO que lhe fazia colocar o seu melhor em jogo foi perdido pelo simples fato da ausência de reciprocidade dos gestores de números.

Engajamento, energia e sentido — se essas três palavras não estiverem no radar dos líderes, certamente eles vão continuar perdendo os melhores talentos e se alegrando com resultados de curto prazo, que satisfazem aquele tipo de acionista que enxerga somente a última linha da planilha.

Resultado não é sinônimo de eficiência!

Aliás, cuidado: o resultado pode mascarar a sua ineficiência. Recentemente, fui chamado por uma grande indústria do interior de São Paulo para realizar um programa de formação com os gestores de vendas. Logo na primeira reunião, o sócio-diretor foi claro comigo: "Alê, no ano passado nós atingimos 107% da nossa meta. Comemoramos, promovemos pessoas, reconhecemos outras, enfim, estava tudo certo até mergulharmos e irmos além da última linha da planilha. Detectamos que, dos mais de 8 mil pontos de venda que atendemos pelo país, 3.500 nem sequer foram visitados no último ano. Ou seja, atingimos 107% da meta atendendo pouco mais de 50% da nossa carteira. Que resultado foi esse?" Então, eu respondi: "Esse é o tão famoso resultado sem desempenho. O seu maior patrimônio não são os números; são os clientes. Vocês simplesmente trocaram a ordem das coisas."

É isso o que a maioria das organizações faz: elas se esquecem de que o desempenho leva ao resultado, mas o resultado por si só não garante um grande desempenho. E o que garante que esse resultado vá se sustentar?

Mas por que isso acontece? Simples. Do que são compostas as organizações? Isso mesmo, de gente! E as pessoas são assim: vivem em busca do resultado a qualquer custo. Querem o resultado, mas não gostam de desempenhar. Querem perder peso, mas, em vez de treinar e realizar atividade física, preferem fazer uma lipoaspiração — ou seja, resultado sem desempenho. Nós sabemos o que pode acontecer (e geralmente acontece): a pessoa muda o corpo, mas não muda a cabeça; logo, o resultado não se sustenta por muito tempo. Entenda: o resultado precisa do desempenho para se sustentar. Os atalhos até podem trazer o resultado, mas não garantem o sucesso a longo prazo.

EU CONVIDO VOCÊ A
REPENSAR A SUA GESTÃO

O meu convite tem uma única fidelidade: migrar de uma gestão com foco em resultados para uma gestão com foco em engajamento. Topa trilhar comigo essa jornada?

Esclareço que não quero interferir na sua forma de liderar pessoas e conduzir estratégias. A minha missão é trazer mais ferramentas para que você possa incorporar ao seu cotidiano. Não quero que você pense que essa nova cultura de gestão conota subserviência; pelo contrário, ela vai requerer muita assertividade da sua parte para evoluir o patamar do seu time. E também nada tem a ver com deixar o resultado de lado, afinal, essa é a finalidade do engajamento: proporcionar realização em todas as áreas da nossa vida.

Gestão com foco em engajamento

Espero tê-lo convencido de duas coisas até aqui:

1. O primeiro passo para engajar as pessoas é ensiná-las a fazer isso. As ferramentas estão aí; agora é com você.
2. Precisamos atribuir valor à sua gestão.

Agora vamos entrar em ação: **a sua atuação no dia a dia precisa facilitar o processo de engajamento**. A sua missão a partir daqui é construir equipes que analisam, decidem e agem a partir da autonomia que você fornecerá a elas. Não existe engajamento sem liberdade!

Nos meus treinamentos costumo repetir uma frase que incomoda os gestores: "Líder que fornece todas respostas é perigoso e preguiçoso!" Olhares fulminantes me são lançados nesse momento, mas eu enfatizo sem nenhum receio de estar enganado.

É difícil, principalmente para um líder, conceber a ideia de que ele não precisa ser o provedor de soluções da sua equipe. E isso tem uma explicação simples: nós fomos educados de forma passiva. Ouvimos as explanações do professor, anotamos, decoramos e somos testados no dia da avaliação. O professor (mestre, líder) detinha o poder do conhecimento e todo o respeito que isso lhe proporcionava, logo, ficou gravado em nossa mente que um líder é aquele que tem todas as respostas e as fornece quando solicitado, sem pestanejar.

NÃO NEGOCIE COM A PREGUIÇA

Acontece que, a longo prazo, essa dependência mina a nossa capacidade de investigar, analisar, criticar, decidir, julgar e resolver problemas de forma autônoma, pois automaticamente buscamos abrigo nas sábias palavras do mestre.

E nas organizações não é diferente. As pessoas são treinadas para executar as suas funções, mas não são provocadas a emitir opiniões estratégicas. Elas nem sequer têm permissão para decidir por conta própria. A hierarquia rígida, a rotina atribulada e a incapacidade de conceber o erro fazem com que a situação-problema — por mais cotidiana que possa ser — seja sempre resolvida pelas mesmas pessoas. Isso, além da dependência de que falei anteriormente, desencadeia diversos outros problemas:

1. liderança extremamente operacional;
2. operação lenta e desorganizada;
3. resoluções constantemente adiadas;
4. serviços defasados;
5. dificuldade para a implantação de inovações e melhorias;
6. acúmulo de justificativas;
7. acomodação e desmotivação da equipe;
8. centralização do conhecimento.

Em grande parte dos casos, esses entraves são ocasionados pela intenção positiva dos líderes de cumprir o seu papel com êxito, ou seja, prover as soluções que o cargo exige. Infelizmente, essa postura paternalista tem trazido muito mais prejuízos do que vantagens para as organizações.

E qual é a solução?

Resumo em uma palavra: construção. Isso mesmo: construir em vez de entregar pronto.

Imagine a seguinte situação: um colaborador o procura e diz: "O cliente está nervoso, pois o produto não chegou no prazo que prometemos. Conversei com a logística e me disseram que vão levar mais três dias para entregar. O cliente não quer esperar. O que eu faço?"

Veja um exemplo simples de um problema que foi parar diretamente na sua mão. Se você responder o que ele tem que fazer, a partir desse momento o problema é seu. Eu posso apostar que a maioria dos líderes ofereceria uma solução imediata no intuito de evitar transtornos.

Proponho algo diferente. Uma resposta assertiva: "O que nós podemos fazer para resolver a situação do nosso cliente?" Mas, para que essa pergunta tenha o impacto desejado, o "podemos" precisa ser aplicado corretamente. A sua parte é conduzir a conversa (não induzir) e facilitar a parte do colaborador: construir a solução.

Dedicar um tempo de qualidade para construir uma solução que será conduzida pelo colaborador, além de solucionar o problema, vai lhe permitir desenvolver o pensamento crítico e analítico do colaborador, possibilitando que ele acione esse raciocínio sempre que necessitar.

Você deve estar pensando: "Alê, provavelmente o meu colaborador vai levar trinta minutos para construir uma resposta que eu daria a ele em cinco minutos." Possivelmente sim, mas você tiraria dele a oportunidade de analisar, julgar

NÃO NEGOCIE COM A PREGUIÇA   169

e decidir sobre essa situação. Logo, quantos cinco minutos você vai ter que dedicar a cada colaborador para resolver os inúmeros problemas cotidianos?

A conta é outra: vou investir trinta minutos com os colaboradores para que eu não seja acionado a todo instante e consiga executar o meu verdadeiro papel de líder: pensar na estratégia.

Você vai enfrentar resistência!

Óbvio! Se você é um líder que tem sempre a resposta na ponta da língua, acostumou as pessoas assim, o seu novo posicionamento vai causar estranheza e desconforto. E isso é muito bom, afinal, não existe evolução sem desconforto.

Vai incomodar nas primeiras vezes, mas depois, quando fizer sentido, você será reconhecido como o líder que permite que as pessoas colaborem, sejam protagonistas e, principalmente, sintam-se uma parte vital da organização.

O desafio

Nos próximos trinta dias você não vai dar nenhuma resposta para o seu time. A regra é construir. Para facilitar a sua vida, preste atenção a estas três dicas:

1. **Compartilhe:** comunique o novo posicionamento às pessoas. Explique os motivos, mostre as vantagens para a empresa e para a carreira de cada um.

2. **Antecipe-se:** liste os principais problemas que estão enfrentando, divida-os entre os colaboradores e construa as soluções.

3. **Prepare-os:** traga livros relacionados aos problemas, textos, vídeos, pensamentos etc. Quanto mais preparada a equipe estiver, mas fácil e rápida será a construção das soluções.

Esse é o desafio da sua vida como líder: trinta dias para transformar o seu time em uma equipe estratégica, consistente, engajada e incrivelmente preparada para levar a organização a outro patamar.

O MAIOR PECADO DOS LÍDERES

A absurda maioria dos líderes que desenvolvi tinha duas coisas em comum: eram bem-intencionados, mas não completamente engajados. Explico.

Como vimos em nossa metodologia, engajamento é a participação assertiva nas minhas atribuições, e isso significa intensidade, frequência e método. Já desenvolvi mais de dois mil líderes ao longo desses anos de carreira solo, somadas à minha atuação executiva. Naturalmente, antes de propor um desenvolvimento, eu sempre investigo o líder e o seu entorno para identificar os *gaps* e as oportunidades evolutivas. Já perdi as contas de quantas vezes ouvi:

— Alê, qual capacitação devo fazer?

— Como agir em determinadas situações?

— Tenho muitas atribuições. Por onde começo? Como me organizo?

— Como eu me aproximo do meu time?

— Qual é a melhor estratégia para desenvolver e motivar as pessoas?

E por aí vai. Insisto: nunca foi falta de vontade, mas não era engajamento. Ter vontade e boas intenções não significa estar engajado. Para todos esses líderes faltava algo básico para conquistar o engajamento: um método de ação. Saber o que fazer e fazer com intensidade e frequência.

Se você não construir um método de ação, por mais que tenha muito desejo de fazer acontecer, vai fracassar na sua gestão. Vamos mudar isso agora!

Construa a sua metodologia de gestão

Falamos na Introdução deste livro que uma frase precisa ser excluída da sua vida: FAZER O MELHOR POSSÍVEL. Obviamente isso também precisa ser banido da sua gestão.

Antes de construir um método, ou seja, um passo a passo para o resultado, vamos falar da sua metodologia de gestão. A metodologia de gestão abrange as diretrizes fundamentais da sua filosofia ao gerir o seu negócio. Sem uma filosofia clara, as pessoas tendem a criar uma cultura paralela de atuação que pode não ser a mais efetiva, muito menos a que você deseja. Portanto, tome a frente e crie a sua. Algumas perguntas podem lhe ajudar:

— Qual a sua visão sobre um time de alto desempenho?

— Quais valores devem reger esse time?

— O que é mais importante do que o resultado? Quando o resultado não acontecer, o que vai sustentar o engajamento do time?

NÃO NEGOCIE COM A PREGUIÇA

— Como vocês devem lidar com os conflitos?
— Quais são os pecados que o time jamais pode cometer?
— Na ausência do líder, como o time deve agir?
— O que é meritocracia para o nosso time?
— Por fim, no que esse time acredita?

Você pode fazer isso de forma compartilhada ou não. Muitas vezes, um líder traz consigo uma filosofia e não abre mão dela. De qualquer forma, as pessoas precisam enxergar valor nessas diretrizes e viver por elas.

Isso feito, agora você está pronto para desenvolver o seu método de ação.

Método de ação

Comece construindo um método de ação para a realização das funções que levam ao resultado. A sua equipe não pode fazer o melhor possível; ela precisa FAZER O QUE PRECISA SER FEITO. E isso nos leva à importância de construir um método de ação que seja eficaz e que nos leve a fazer a coisa certa na hora certa.

Para construir um método de gestão, precisamos revisitar o ciclo do engajamento.

> **Participação > Desempenho > Resultado > Reconhecimento > Realização**

Vamos lá. Um método de ação tem a missão de ajudar as pessoas a transitar por esse ciclo. Para tornar mais claro, vamos trazer um *case*. Escolhi um exemplo que é familiar para todos nós: o varejo. Você pode nunca ter trabalhado nesse segmento, mas, certamente, o contexto não lhe é estranho.

Passo a passo para a construção de uma metodologia de gestão

Passo 1: Qual é o resultado desejado?

Sei que parece contraditório, pois estamos querendo evoluir o conceito do foco no resultado. Mas o engajamento precisa nos levar à realização, e não há realização sem resultado. O que faremos é colocar as coisas no seu devido lugar, ou seja, o resultado como consequência de um grande desempenho.

Tratando-se do varejo, que é o nosso exemplo, o resultado desejado é o **aumento do faturamento da loja**.

Passo 2: Participação: o que leva ao resultado?

Esse é o ponto de impacto da nossa metodologia. Tudo começa aqui. A participação nos levará ao melhor desempenho. No entanto, para que isso aconteça, vou lhe apresentar o conceito mais importante de toda essa história: participação requer controle. Você não pode participar daquelas variáveis que não estão nas suas mãos.

O resultado — aumentar o faturamento da loja — não está sob o seu controle, portanto, a pergunta-chave é: "O que está sob o meu controle e leva ao resultado?"

No caso do varejo, três itens:

- fluxo de loja;
- conversão de vendas;
- tíquete médio.

Como gestor desse processo, preciso garantir que minhas ações levem pessoas à loja, que meus vendedores estejam preparados para converter as visitas em vendas e que cada venda alcance o seu melhor potencial. Tendo em mente os elementos que eu controlo e que levam ao resultado, a próxima pergunta é: "Como posso intensificar a participação em cada ação?" Nessa etapa, precisamos colocar em jogo um grande conceito: nosso melhor desempenho está nos pequenos detalhes. Para garantir o melhor desempenho, é fundamental pensar muito bem na participação.

1. **Fluxo de loja**: Você pode estar pensando que um gestor não controla o fluxo de pessoas que entra na loja, pois isso depende de outros fatores que não lhe pertencem, como ponto, propaganda e situação econômica, por exemplo. Concordo que esses fatores não estão nas suas mãos, logo, vamos nos concentrar naquilo que está.

    Captação de mailing: é fundamental que todo cliente que entrar na loja seja cadastrado. Para isso, vamos determinar um brinde ou um voucher de desconto para a primeira compra. Mesmo que o cliente seja cadastrado, confirme o cadastro.

Ações de relacionamento: segmentar o mailing e garantir que os clientes sejam contatados frequentemente. Mensalmente, devemos estabelecer ações promocionais para trazer os clientes para a loja.

Vitrine: semanalmente, vamos determinar as estratégias visuais da nossa vitrine.

2. **Conversão de vendas**: obviamente não controlamos a condição financeira do cliente, muito menos que o estoque atenda aos seus desejos. Então, deixe isso de lado e vamos focar no que interessa:

   Jornada do cliente: do momento em que o cliente para em frente à vitrine até a negociação e o fechamento da venda, como podemos aprimorar essa experiência? Quais detalhes precisamos observar? Quais perguntas são fundamentais? Qual argumento utilizar em cada resposta?

3. **Tíquete médio:** se a sua participação na jornada do cliente foi bem-sucedida, chegamos ao último passo.

   Como garantir que o cliente compre os produtos adicionais? Qual é o melhor momento para oferecer? E quando ele disser: "Não preciso..."? Como vamos contornar as objeções?

NÃO NEGOCIE COM A PREGUIÇA 177

Percebeu que a etapa da participação tem uma missão clara? Essa missão é garantir que as pessoas saibam o que fazer, ou seja, que participem de forma consciente e assertiva. Nada de fazer o melhor possível; participação é fazer o que precisa ser feito.

Se a metodologia for seguida à risca, o resultado tem uma grande chance de ser positivo, afinal, cobrimos todas as variáveis que controlamos. Essa é a grande diferença da gestão para o engajamento: ela foca no desempenho, na participação, e não tem apenas o resultado como protagonista e avaliador de performance.

Só que, como eu disse anteriormente, dá muito mais trabalho. Determinar o resultado como o único ponto de avaliação de um profissional é mais cômodo, porém muito menos inteligente e eficiente a longo prazo.

Passo 3: Resultado: como medir a nossa participação?

Não é porque o foco não está no resultado que podemos esquecê-lo. Jamais. O resultado é uma grande forma de validar a efetividade da nossa participação. Nesse momento, você, gestor, precisa estar muito atento às variáveis que envolvem o alcance de resultado.

Portanto, dois pontos merecem sempre a sua atenção:

1. **Variáveis controláveis:** a metodologia foi executada com maestria? Os vendedores estão executando todas as etapas que lhes cabem? Apresentaram alguma dificuldade em alguma etapa?

2. **Variáveis não controláveis:** alguma variável que não controlamos impactou no resultado? Se você está certo de que a metodologia foi bem aplicada e, ainda assim, o resultado não aconteceu, possivelmente algum fator externo interferiu no resultado. E não estou falando apenas de variáveis negativas. Podemos ter desempenhado mal e uma venda ter salvado o mês. Você precisa estar muito atento e jamais permitir que o resultado mascare a ineficiência do time.

Esse olhar para o resultado é a verdadeira visão estratégica. Não encare o resultado como o "ponto-final da sua gestão"; ele é apenas o indicador do desempenho. O desempenho, sim, nos alimenta com informações riquíssimas para decisões inteligentes e baseadas em fatores reais e controláveis.

Passo 4: Reconhecimento: como valorizar uma participação eficiente?

O reconhecimento é o impulso que leva à realização. Relembrando o nosso ciclo do engajamento, a pessoa realizada tem uma forte tendência a participar mais e melhor, e é assim que se cria o ciclo virtuoso do engajamento.

Essa etapa é crucial, pois sem reconhecimento não há realização, logo, a participação perde o sentido. E não existe nada mais frustrante para um profissional do que trabalhar arduamente, desempenhar de forma engajada, fazer tudo

NÃO NEGOCIE COM A PREGUIÇA

o que precisava ser feito, mas ser impactado por um fator externo, não atingir a meta e ter a sua competência questionada no fim do mês.

Quando isso acontece, o sentimento de frustração invade e o engajamento se perde mês após mês. Por isso, insisto: o resultado não é único medidor de competência. Mergulhe mais fundo e investigue o desempenho. Se a metodologia foi bem executada, valorize isso. Não vamos ganhar o tempo todo, mas isso não precisa se tornar um peso ainda maior para o seu time. Fizemos o que precisava ser feito e o resultado não veio? Vamos rever a nossa metodologia, estudar juntos e repensar as estratégias. Percebeu que o profissional falhou em alguma etapa? Ajude-o.

Mas nesse momento surge uma discussão importante da gestão. Como o gestor geralmente tem muitas atribuições, ele fica muito tempo ausente do time e não acompanha a participação e o desempenho como deveria. A correção de rota não acontece no momento certo, então a cobrança por resultado se torna a única ferramenta disponível. Não cometa esse erro na sua gestão.

Quer um time que transforme engajamento em resultado? Crie a sua metodologia de gestão de pessoas.

Construção do método de ação
Já vimos como construir o *método de ação* do seu time. Faça isso agora para a *gestão* do seu time.

Agora é o momento de definir o que é preciso fazer para que a sua gestão e liderança contribuam para os resultados do time. Sem um método, você vai se perder nas prioridades e deixar de fazer o que é certo na hora certa.

Vou lhe dar algumas sugestões:

Reunião semanal de alinhamento e resultados: priorize ao menos uma reunião semanal com a equipe. E quando eu digo priorizar estou falando em estabelecer um dia e horário na agenda e não desmarcar de forma alguma. Essa reunião vai acontecer até mesmo se você não puder estar presente. Um método somente será seguido se as pessoas se engajarem com ele. E, como sabemos, engajamento é intensidade, frequência e método. Falando nisso, é fundamental que você crie um método para essa reunião. Não faça por fazer, apenas para cumprir o protocolo. Uma reunião de resultados deve ser curta, objetiva e baseada em três perguntas:

a. Estado desejado: o que deveria ter acontecido na semana anterior? Quais eram nossas metas?

b. Estado atual: o que aconteceu? O que nós entregamos de resultado?

c. Qual é o nosso compromisso para esta semana? O que vamos entregar?

Essa reunião não é o momento para fazer cobranças individuais, muito menos de momentos de lamentação e desculpas. Serve apenas para avaliarmos a semana anterior e começarmos a próxima.

NÃO NEGOCIE COM A PREGUIÇA

Feedback individual: terminada a reunião com o grupo, chame cada integrante e converse sobre as particularidades dele. Esse é o momento para cobrar, reconhecer, ajudar e engajar. Permita-me não trazer nenhuma técnica de feedback aqui, pois não acredito em nenhuma delas. A melhor técnica que conheço é fazer o feedback. Se quiser uma dica, posso lhe dar: no final da reunião, se o seu liderado não sair confiante para uma semana melhor, o seu feedback não funcionou.

Reunião mensal de definição de estratégias: essa também não é uma reunião de cobrança, e sim de alinhamento de rota. Apresente os resultados do mês e os próximos passos. Valorize boas práticas, traga conteúdo que amplie a visão das pessoas, promova a participação, enfim, faça desse momento algo valioso. A reunião terá sido um sucesso se as pessoas saírem dela confiantes para a jornada que está por vir.

Eis o início e os pontos básicos de um método de gestão, focado no envolvimento das pessoas. Se quiser potencializar isso, faça um método para cada atribuição cotidiana.

O que você não pode jamais se perguntar é: será que estou fazendo a coisa certa? Se essa pergunta surgir, é porque você não tem um método ou não confia nele. Se uma das duas variáveis for verdadeira, convido você a sentar, reler este capítulo e repensar a sua gestão.

Se eu pudesse resumir este capítulo, diria:

O seu negócio precisa de uma metodologia e de um método de gestão. E você, líder, também!

SEJA O CHEFE DE QUE O SEU TIME PRECISA!

Meus amigos, o mundo corporativo mudou, ou melhor, está tudo invertido. Conversando com um grande líder, falávamos sobre gestão de pessoas, motivação, engajamento, reconhecimento, enfim, discussões frequentes nos tempos atuais. Depois de alguns minutos, ele me disse: "Meu amigo, quanto tempo perdido! Na minha época bastava estar empregado e receber o salário em dia que já estávamos motivados!" Felizmente e infelizmente, as coisas mudaram.

Felizmente porque as organizações se viram obrigadas a evoluir em seus padrões de gestão de pessoas, tornando o ambiente mais evolutivo e promissor para os profissionais.

E infelizmente porque, na busca por esse ambiente estimulador e pela tão almejada retenção de talentos, os "chefes" foram banidos das organizações e tiveram que alterar os seus crachás para "líderes". Antes fosse somente o crachá; nós ultrapassamos os limites. Adotamos uma postura de pouca cobrança, muita conversa e, como consequência, vemos um baixíssimo desenvolvimento do perfil profissional.

E as consequências estão aí, em todos os lugares: empresas com serviços precários e profissionais com carreiras prejudicadas.

Perdoem-me os ativistas corporativos, mas eu tenho saudade de alguns chefes dos velhos tempos. Claro que o mundo mudou, mas a gestão que funciona, não. O jeito macro de gerir, sim, isso mudou. Implantamos indicadores de desempenho, o RH se tornou cada vez mais estratégico, novos sistemas de remuneração foram implantados, enfim, muita coisa evoluiu. Mas o jeito micro de gerir pessoas, isso não deveria ter mudado tanto. Chefe bom é aquele que motiva, reconhece, treina, participa e COBRA. Quem disse que líder não deve cobrar? É disso que sinto falta: do chefe que provoca, que fala a verdade sem melindres, que critica, que tem conversas duras, que não utiliza técnicas avançadas de feedback. Ele simplesmente faz a gestão como deve ser.

Nunca consegui entender a diferença entre chefe e líder. Tudo o que já me disseram tem mais a ver com o caráter e a competência do sujeito do que efetivamente com as características da função. Chefe ou líder, tanto faz. Só tenho uma certeza: independentemente da nomenclatura ou do rótulo, a única coisa que verdadeiramente importa é o quanto você consegue extrair o melhor das pessoas. E não falo apenas da sua nota na avaliação de desempenho; falo do quanto você educa, desenvolve e forma profissionais de verdade.

O mercado conta contigo! Deixe o seu legado de liderança sendo o chefe de que a sua empresa e o seu time precisam.

VOCÊ É **ENGAJADO** OU **COMPROMETIDO** COM A SUA LIDERANÇA?

Marque **V** para verdadeiro ou **F** para falso para as perguntas abaixo:

☐ Você sente que emprega o máximo dos seus recursos racionais e emocionais na sua gestão?

☐ Ou sente, ao final do dia, que o seu empenho poderia ter sido mais intenso?

☐ Um considerável esforço emocional é necessário para assumir o seu papel de líder? Existe sofrimento só de pensar nas coisas que precisa fazer?

☐ Existe concentração no que você faz? Você se percebe 100% presente na sua gestão?

☐ Os objetivos são claros? Você sabe aonde quer chegar na sua gestão?

- [ ] Você tem uma sensação de gratidão frequente? Ser líder é uma posição que o realiza?

- [ ] O envolvimento é intenso e natural? Você quer realmente ser um líder? Se pudesse escolher, estaria nessa posição?

- [ ] Existe um senso de controle? Você sente que está no domínio da sua gestão?

- [ ] Você é congruente com os seus valores? Ser um líder faz bem a você, o completa? Ou algumas vezes sente que está ferindo alguns valores que são importantes para você?

- [ ] Você se sente competente para realizar o seu trabalho? Existe um método claro e eficaz que conduz a sua gestão?

- [ ] Existe continuidade na sua gestão? Ou você está sempre recomeçando e implantando novos métodos?

Resultado: com base nas suas respostas, você se considera engajado ou comprometido com a sua gestão e liderança?

PONTO DE CONEXÃO 3:

O ENGAJAMENTO E A SUA SAÚDE

O amanhã não lhe pertence, mas a sua saúde, sim! Se houver amanhã, que você tenha saúde para cultivar as suas realizações.

Alê Prates

No capítulo "Espiritualidade do Resultado", apresentei um dos principais pilares que nos fazem transcender o resultado: energia.

Mas como pensar em energia sem investir em nossa saúde? Impossível. Obviamente não vou trazer uma visão técnica e científica para esse tema, afinal, não sou especialista nisso. Vou me ater à minha própria experiência de mudança de vida e também aos clientes que ajudei a olhar para a saúde com mais carinho, respeito e que alcançaram um novo patamar de desempenho e plenitude a partir disso.

Quero investir nosso tempo neste capítulo para lhe mostrar as armadilhas e os caminhos para nos engajarmos de forma assertiva e real, sem fórmulas mágicas e atalhos perigosos.

Por que não nos engajamos com a nossa saúde?

Em 2015 eu pesava 98,7 kg. Foi um dos piores momentos da minha vida. Apenas como comparativo, atualmente eu peso 79 kg. Muitas pessoas me perguntam como eu consegui perder peso em meio à vida atribulada que levo. Engraçado que eu sempre devolvo a pergunta: "O que você acha que eu fiz?" A maioria esmagadora responde sem pestanejar: "Exercício e dieta!" Sim, nós sabemos a fórmula. Então, existem duas perguntas mais importantes do que essa:

192 ALÊ PRATES

1. Como eu me permiti chegar a esse estágio?
2. Como eu me engajei com a mudança de vida?

As respostas também são simples, mas servem para embasar a nossa caminhada neste tema. Vou responder uma a uma para facilitar o entendimento e a análise.

Como eu me permiti chegar a esse estágio?

Costumo dizer que a natureza é muito generosa conosco. Demorei cinco anos para engordar 20 kg e precisei de seis meses para perder 14 kg e o restante nos dois meses seguintes. Sem loucura, cirurgia, remédios, apenas fazendo a coisa certa. Falaremos disso daqui a pouco.

Então, veja como a pergunta piora: por que eu me entreguei durante cinco anos a uma vida sedentária e desregrada? Cinco anos... dá para imaginar?

E foi assim, pouco a pouco. Um dia eu acordei e não fiz exercício, no outro dia também, e fui me convencendo de que não era necessário naquele momento. Cuidar da alimentação passou a ser algo supérfluo, e eu fui me acostumando a essa realidade. Por quererem confortar e achando que estavam me fazendo bem, as pessoas ao redor não comentavam nada comigo, e as mais próximas às vezes até mentiam: "Relaxa, você está ótimo." Pode acreditar, é fácil mentir para si mesmo. Eu me fiz acreditar que estava tudo bem, que não tinha importância estar 5 kg acima do peso. Mas os quilos foram aumentando e eu já não tinha forças para mudar.

NÃO NEGOCIE COM A PREGUIÇA

Permiti que esse comportamento sedentário se instalasse. Em resumo, eu me entreguei.

Você deve estar louco para saber a resposta da segunda pergunta: como eu me engajei com a mudança de vida? Vamos a ela.

Após cinco anos de sedentarismo, o incômodo me tomava absurdamente. Eu já não era o mesmo cara, minha autoestima estava no chinelo. Certo dia um amigo me alertou: "Alê, você escreveu um livro sobre resultado. Você precisa ser exemplo!"

Esse foi o impulso para começar. Obviamente eu comecei, e foi um fracasso, como nas outras vezes. Eu tinha o desejo de mudar, mas ainda o mantinha instalado. Se não mudasse internamente, jamais me disciplinaria.

O *mindset* que me regia prejudicava todo o processo: **comece aos pouquinhos**. Eu sempre comecei aos pouquinhos, com caminhadas leves para não exagerar na dose, exercícios básicos, dietas leves, enfim, devagar, sem pressa. O problema é que pouca participação gera poucos resultados. E ninguém gosta de poucos resultados. Isso mostra ao nosso sistema que não vale a pena o esforço.

Foi então que tomei uma decisão que mudou tudo: nada de começar aos poucos; coloquei muita intensidade e frequência na minha participação. E segui alguns passos óbvios e certeiros. Nesta ordem:

1. **Procurei ajuda profissional:** fui a uma nutricionista, a Dra. Rita Melo, e essa decisão foi fundamental para a minha mudança. Em breve digo como ela

me ajudou. Também contratei um personal trainer que reunia um conjunto interessante de recursos e repertório de exercícios. Foi então que iniciei uma grande parceria com o professor Hugo de Marco. Além disso, fui ao cardiologista, fiz meus exames e verifiquei que estava tudo certo. Essa etapa foi fundamental para construir o meu método e potencializar a minha participação.

2. Parei de focar no resultado, e isso foi vital para seguir firme. Eu defendia esse conceito nas organizações, mas não o havia testado em mim. E novamente vi outro *mindset* sendo desafiado: parar de olhar para o futuro e focar no que eu posso controlar: o presente. Esse processo me ensinou que o resultado não motiva. Parece loucura, mas é verdade. O resultado motiva quando acontece, mas, enquanto é apenas uma expectativa, mais frustra do que ajuda. Reflita comigo: eu queria perder 20 kg. Sabia que levaria de oito meses a um ano para conquistar isso. Porém, para alcançar esse objetivo, eu teria que abrir mão de tudo de que eu gostava naquele momento. Percebe a troca? Abrir mão do meu conforto e dos meus prazeres hoje para (talvez) alcançar os resultados no futuro. O nosso sistema não concorda muito com essa troca — abrir mão de algo real hoje por uma esperança. E, naturalmente, o nosso jogo interior prejudica o processo, inviabilizando a disciplina e sabotando o desempenho.

Se eu não poderia focar no resultado, só me restava fazer a coisa certa: me engajar pelo caminho, me

NÃO NEGOCIE COM A PREGUIÇA

apaixonar pelo desempenho. Foi então que a ajuda profissional se mostrou fundamental nesse processo. Na primeira consulta com a Dra. Rita, ela me perguntou: "Quais são os seus objetivos?" Imediatamente pensei: "Perder 20 kg." No entanto, eu tinha decidido não mais focar no resultado. Então, troquei a meta por um sentido: "Doutora, eu quero saúde!" E ela disse algo que me ajudou e muito a focar no desempenho: "Alê, vamos desenvolver uma dieta personalizada para você." E complementou: "Você sabe o que significa dieta? Dieta significa estilo de vida, ou seja, não vou construir algo para você emagrecer, e sim para mudar o seu estilo de vida. O emagrecimento vai ser uma consequência." Começamos aí a nossa parceria. Bimestralmente, nós analisávamos a dieta, medíamos resultados, mudávamos, enfim, fomos construindo gradativamente o meu método para ter mais saúde.

Com o Hugo não foi diferente. De cara, eu disse a ele que estava querendo conquistar uma vida mais saudável, ter mais qualidade de vida e abandonar o sedentarismo. Foi quando ele me perguntou: "Quais atividades você gosta de fazer?" Então, eu revelei: "Gosto de várias, mas nunca me apaixonei por nenhuma, por isso nunca continuo nada." A partir daí o Hugo foi brilhante nas suas abordagens comigo. Fizemos treino funcional na praia, e não funcionou bem. Fomos para a academia, e a coisa melhorou. Mas somente o funcional não me deixava satisfeito.

Montamos um mix de funcional e musculação, e foi incrível. Descobri algo que eu QUERIA fazer, de que sentia falta. Eu fazia mesmo sozinho, quando estava viajando, e continuo fazendo até hoje. Ou seja, descobri o meu método de treino.
Bastou participar do plano.

Método de dieta: estilo de vida implantado e baseado no princípio das regras e exceções. Comer mal deve ser uma exceção. Comer bem, a regra. Posso fazer uma extravagância de vez em quando? Claro, mas que seja a exceção.

Método de treino: descoberta a atividade física que me instigava, o princípio das regras e exceções também funcionava aqui. A regra era treinar no mínimo quatro vezes por semana. Viajando ou não, essa era a regra. Acontecia de não conseguir? Sim, mas era a exceção.

Intensidade na participação: era preciso ter consistência nos treinos, saber o que estava fazendo, exigir novos desafios, buscar estímulos e manter o corpo sempre em evolução. Da mesma forma a alimentação. Seguir uma dieta e entender a dieta são coisas diferentes. Quando você entende, as escolhas são mais assertivas e sustentáveis.

Frequência na intensidade: isso foi vital. Mesmo nos momentos de grande motivação e resultados, procurei não exagerar para não transmitir o recado errado para o meu sistema. Foi muito importante manter um ritmo e uma intensidade que eu conseguisse suportar pela vida toda. Passados mais de dois anos desse processo, esse estilo continua presente na minha vida. Tenho alguns momentos de tropeço, mas a regra da saúde continua em vigor.

Esse método, aliás, o meu método, aquele que funcionou para o meu estilo, impulsionou-me para a conquista do engajamento. Ninguém precisa me forçar para eu treinar: estou engajado nisso, faço porque quero fazer.

O engajamento salvou a minha vida. O método salvou a minha vida. E depois disso, tudo mudou — autoconfiança, autoestima, congruência, desempenho, relacionamento — e se refletiu na minha carreira. Quando você muda uma área da sua vida, todo o entorno é impactado. Eu mudei muito. Engaje-se com a sua saúde também.

Algo que você precisa saber sobre o engajamento e a sua saúde.

Demorei um ano e dois meses para escrever este livro. Enquanto escrevia, obviamente vivia a minha vida, com todos os seus desafios cotidianos. Isso foi importante, pois me possibilitou — em tempo real — complementar este capítulo. E eu me realizo quando tenho a possibilidade de utilizar exemplos pessoais, pois isso me permite colocar toda a emoção em jogo.

Todo esse método que transformou a minha saúde foi colocado em jogo quando eu morava em Niterói, no Rio de Janeiro. Construí uma rotina para colocar esse método para funcionar. A rotina estava clara: acordava, corria na praia, tomava uma água de coco e meditava um pouco observando aquele cenário. Às cinco horas da tarde, eu seguia para o treino na academia. Enfim, tudo estava bem planejado e funcionando direito.

Depois de alguns meses de uma rotina exemplar, eu me mudei para o interior de São Paulo. Ou seja, a praia não estava mais nos meus planos. Além disso, assumi alguns projetos na capital e iniciei um fluxo de viagens constantes. Obviamente, a rotina que me trouxe grandes resultados já não existia; aliás, ela estava bem longe de ser como era. Não desanimei: tênis e roupas de treino faziam parte da minha bagagem fixa. Eu sempre procurava uma academia onde estivesse e, quando não encontrava, treinava onde conseguisse. Fiz o possível para manter o que havia conquistado. Mas aí veio a grande lição.

Não nos engajamos com o resultado, e sim com a rotina.

É o caminho que engaja. Mesmo que eu tenha me esforçado para treinar sempre, o engajamento não conseguia mais ser o mesmo, ou seja, sobrou apenas me engajar com o resultado, e isso não me proporcionava o melhor desempenho. Resultado? Engordei 8 kg em um ano, mesmo treinando com frequência.

O que aconteceu? O meu corpo estava acostumado com um ritmo, e, como eu o diminuí consideravelmente, regredi nos resultados.

E qual foi a solução?

Encontrar uma nova rotina que me engajasse. Não adiantava treinar de qualquer jeito. Era fundamental me engajar, de fato, com um novo caminho. Procurei diversas abordagens, estudei a situação, pois sabia que me aprofundando conseguiria desenhar o meu próprio método de ação. E foi o que aconteceu. Depois de diversos testes, encontrei uma rotina de treino e alimentação que devolveu não apenas os resultados, mas o meu pleno engajamento. Isso é muito importante, e vale enfatizar. O resultado eu poderia conseguir de diversas formas, mesmo sem me esforçar. Eu poderia seguir uma dieta extremamente restritiva ou migrar para um procedimento cirúrgico; enfim, seria possível me sentir bem com o meu corpo mesmo sem um método claro de ação. Porém, o que sempre esteve claro para mim é que o meu engajamento não era com o corpo perfeito, e sim com a minha saúde. Eu quero viver cem anos com autonomia e qualidade de vida, e só vou conseguir isso cuidando da minha alimentação, praticando atividade física e deixando a minha mente saudável. Esse é o sentido do meu método de ação.

Qual é o seu sentido?

Sem um sentido você vai continuar desejando o corpo perfeito e se submetendo a fórmulas milagrosas, que não vão lhe trazer nada além de um constante sentimento de insatisfação, pois você não terá condições físicas e emocionais de trilhar o caminho necessário para isso. E isso não tem nada a ver com engajamento, e sim com o sentido que move as suas ações e o engaja de fato.

ALÊ PRATES

Se existe um sentido em ter o corpo perfeito, aí, sim, vai valer a pena se engajar com isso. Não estou dizendo que isso seja errado, obviamente não, mas não é para qualquer um. Para chegar a esse resultado, é preciso ter uma vida muito regrada e abdicar de muitos prazeres. Se o seu sentido não for esse, esqueça: você não vai suportar.

Viver pelo reconhecimento dos outros ou pelos padrões estabelecidos pela sociedade é frustrante, pois é como lutar por um sentido que não é seu. No entanto, leve em consideração uma coisa que eu disse algumas vezes neste livro: siga a sua vontade e não minta para si mesmo. Se ter um corpo sarado é importante para você, lute por isso. Mostrar uma falsa aceitação para acobertar a sua insatisfação e preguiça para fazer o que precisa ser feito não vai lhe ajudar em nada.

Não sou um especialista na área, então, obviamente, não vou lhe dar receitas de alimentação ou dicas de treino. Tem muita gente que faz isso muito melhor do que eu. Vou me ater a orientá-lo com base na mudança de percepção para a conquista do engajamento com a sua saúde. Os conceitos abaixo funcionaram para mim e funcionam para muitas pessoas que desenvolvi ao longo dos anos. Vamos a eles:

1. **Atribua o valor certo à sua alimentação:** o que significa se alimentar para você? Em uma aula do MIT, fomos apresentados a um suplemento alimentar desenvolvido por alguns alunos da instituição. Segundo eles, um pote de 300 ml do produto tem todos os nutrientes necessários de que uma refeição necessita e com muito menos calorias. Você substi-

NÃO NEGOCIE COM A PREGUIÇA

tuiria as suas refeições por esse produto? Eu não! Eu valorizo a experiência da degustação. Tenho prazer em comer. Logo, alimento é prazer para mim, é experiência. Há algo de errado com isso? Depende. Sou descendente de italianos, amo uma boa massa com um molho bem consistente e temperado. Também sou um apreciador de vinhos e cerveja e adoro um docinho após as refeições. Fórmula perfeita para uma explosão de prazer e uma saúde bastante prejudicada. Logo, se eu quiser ter esse prazer intenso a cada refeição, não vou alcançar os meus objetivos de saúde e qualidade de vida. Então, preciso atribuir um valor diferente à alimentação. Alimento é saúde, é cura, é um passaporte para a vida que eu desejo. Durante a maior parte do tempo eu vou me alimentar dessa forma, para extrair o melhor das refeições, incluindo o sabor na medida certa, pois não precisa ser ruim para fazer bem. Quando eu quiser comer somente por prazer, vou fazer isso. Sem culpa, pois será uma exceção na minha vida. A privação geralmente ocorre quando escolhemos viver somente o prazer por um longo período de tempo. Mais uma vez, se eu não me engajar na hora certa, a vida vai me obrigar de alguma forma.

2. **Sinta-se mal por não se exercitar:** ficar parado não é normal. Exercitar-se é tão necessário quanto escovar os dentes, e certamente você não consegue ficar sem fazer a sua higiene bucal. Não vou trazer

aqui nenhuma filosofia ou técnica de treinamento, mas encontre a sua. Nem que sejam trinta minutos de caminhada por dia, faça. Subir escadas, treinar musculação, crossfit, treino funcional, futebol, ciclismo, enfim, defina a sua frequência e faça com intensidade. O mais importante é que você não ache normal ficar parado. A ideia aqui não é que você se contente com pouco, mas que, cotidianamente, vá construindo a sua rotina evolutiva. Explico: durante uma consulta com a minha nutricionista, ela me disse: "Alê, se você quiser evoluir, precisa ter um corpo treinado. Se hoje você corre 5 km em trinta minutos, treine para correr em 28 minutos, depois 25, vinte, ou seja, esteja sempre se desafiando. Isso faz o seu corpo estar sempre ativo, acelerando seu metabolismo e queimando calorias mesmo nos momentos de repouso." Aplique esse conceito na sua vida, tenha um corpo treinado. Se hoje você vai começar com trinta minutos de corrida, assim que sentir que o corpo se acostumou, inclua mais cinco minutos de corrida, depois dez, acrescente novos exercícios, enfim, evolua.

3. **Encare a culpa da forma correta:** muitas pessoas dizem que sentir culpa é ruim, que é um sentimento destrutivo e que você deve fugir disso. Deixe-me apresentar outro lado dessa história. A culpa pode paralisá-lo quando você utiliza esse sentimento como uma fuga para não seguir em frente. Imagine que você começou uma dieta e uma rotina de exercícios.

Acontece que, no meio da semana, você não resistiu às tentações e fugiu da sua dieta no jantar. No outro dia, houve um imprevisto no trabalho e você não conseguiu treinar. Ao chegar em casa, você se olha no espelho e aquela insatisfação com o seu corpo continua. Então você se lembra de que não fez o que precisava ser feito, percebe que ainda está distante dos resultados desejados e a culpa o invade. Você relembra todas as vezes que se propôs a mudar de vida e não conseguiu. Nesse momento você pode lidar com a culpa de duas formas.

Primeira, a culpa faz você pensar: "Na semana que vem eu recomeço, já que perdi dois dias desta." Você vai utilizar esse sentimento como fuga, e nós sabemos onde isso vai parar. Posso lhe garantir que muitas pessoas reagem dessa forma.

Segunda, a culpa o incomoda produtivamente, fazendo você pegar muito mais pesado no dia seguinte. É essa a culpa que precisamos sentir, aquela que nos faz olhar no espelho e dizer: "Tome vergonha nessa cara e faça o que precisa ser feito." Se você desenhou um método, siga-o. Se não o seguir, culpe-se, mas utilize a culpa como um grande combustível.

4. **Seu indicador precisa ser a sua evolução:** eu já passei muito por isso quando não tinha claro qual era o meu sentido de saúde. Estava focado nos meus treinos, me alimentando bem, um exemplo a ser seguido. De repente, durante o treino, vi alguém com um nível

de desempenho muito melhor do que o meu, um físico definido e, notoriamente, com uma história de atividades físicas muito mais eficiente que a minha. Confesso que às vezes isso me desanimava. Parecia que, por mais que eu me esforçasse, estaria muito longe de um resultado como aquele. A questão é que comecei a perceber que a minha evolução despertava a admiração das pessoas e estava me fazendo muito bem — física e emocionalmente. Então, parei de competir com os outros e comecei a investir e a mensurar o meu próprio crescimento nos treinos. A partir daí, tudo se tornou mais instigante e alcançável. Cuidado: a indústria da beleza sempre vai tentar convencê-lo de que você está longe do "ideal", afinal, isso é o que vende: a eterna insatisfação das pessoas. Hoje eu não me importo de ter uma "barriguinha", desde que esteja saudável e eu me sinta bem nas minhas roupas. Estou sempre insatisfeito; isso faz parte de mim e me ajuda a evoluir. Mas entenda: estou insatisfeito comigo mesmo, com os meus próprios indicadores, e não com uma régua estabelecida pelos outros. E repito: esse é o meu estilo, a minha própria régua. Se a sua for diferente e um corpo perfeito for a sua ambição, siga em frente, mas lembre-se de buscar satisfação em si mesmo e de não terceirizar isso para o reconhecimento alheio. Pode ser muito triste, vexaminosa e frustrante uma vida dedicada aos outros.

Cuidado para não se engajar com um sentido errado

Perceba que neste ponto de conexão, a saúde, eu tratei do tema abordando quatro pontos cruciais: sentido, método, consistência e verdade. Esses fatores reunidos trarão o engajamento e podem transformar a sua saúde e qualidade de vida.

Atente ao "podem transformar a sua saúde e qualidade de vida". Eu preciso fazer esse alerta, pois você pode aplicar todos esses elementos, engajar-se e, ainda assim, prejudicar a sua saúde a longo prazo.

Cuidado com a vaidade!

Ter o corpo perfeito, de acordo com os padrões estabelecidos para a sociedade, pode ser uma verdade para você, e não existe nada de errado com isso. E você pode conquistar isso com o seu engajamento. O problema está na pergunta: "Por que isso vale a pena?" Essa pergunta simples pode salvar a sua vida, e isso não é nenhum exagero. Se o sentido para se engajar com o corpo perfeito é o reconhecimento dos outros para alimentar a sua vaidade, tenho muito receio do que você possa fazer para conseguir isso. Muitas pessoas destroem a própria saúde em prol da vaidade. Inundam seu corpo com porcarias, submetem-se a procedimentos cirúrgicos arriscados e dietas extremamente restritivas que, a longo prazo, adoecem o interior para valorizar o exterior. Não permita que isso aconteça com você. Se a consequência do seu sentido de saúde e qualidade de vida for um corpo bonito, parabéns, siga dessa forma. Só não inverta a ordem das coisas.

Engaje-se com a sua saúde, não com a sua vaidade.

A vida é um conjunto de regras e exceções

Quero finalizar este ponto de conexão com uma reflexão. Se tem uma coisa que a vida me proporcionou é a capacidade de autojulgamento e autorresponsabilização. Eu verdadeiramente acredito que somos os únicos responsáveis pelos nossos objetivos, problemas e consequências de nossas ações. E a nossa saúde é fruto dessas decisões.

Tenho dedicado boa parte da minha carreira a trazer essa consciência para as pessoas. E aprendi nessa jornada que é visivelmente possível prever quão bem-sucedida uma pessoa será no alcance dos seus objetivos. Não é preciso ser um especialista; basta compreender um princípio irrevogável da nossa existência: a vida é um conjunto de regras e exceções.

Quais são as regras que você segue na sua vida?

Pense na sua saúde. Qual resultado você vai colher com essa sua rotina? Nós podemos prever esse resultado respondendo a algumas perguntas: você tem por regra se alimentar bem, praticar atividade física e visitar o seu médico regularmente? Se responder que sim, ou seja, se essa é a sua regra de vida, os resultados que você vai colher serão fruto disso. Se, de vez em quando, você se alimenta mal e prefere não se exercitar, essa é a sua exceção. Analisando a regra e a exceção, vemos claramente que você vai colher bons frutos das suas escolhas.

Agora, se a sua regra de vida é o sedentarismo, a alimentação desequilibrada e pouca preocupação com a medicina preventiva, nós também conseguimos prever as consequências das prioridades estabelecidas por você. E, se raramente você pratica alguma atividade física, essa exceção pode matá-lo, pois a sua regra não lhe permite uma saúde que sustente exageros.

Esse conceito pode ser aplicado em qualquer área da nossa vida: finanças, qualidade de vida, espiritualidade, carreira, relacionamento, família etc.

Analisando as regras e exceções que você tem estabelecido, não precisa ser um especialista ou ter poderes paranormais para prever o futuro que o espera.

Não é o que fazemos de vez em quando que interfere em nossa vida, e sim aquilo que fazemos constantemente.

VOCÊ É **ENGAJADO** OU **COMPROMETIDO** COM A SUA SAÚDE?

Marque **V** para verdadeiro e **F** para falso para as perguntas abaixo:

☐ Você sente que emprega o máximo dos seus recursos racionais e emocionais no cuidado com a sua saúde?

☐ Ou sente ao final da semana que o seu empenho poderia ter sido mais intenso?

☐ Um considerável esforço emocional é necessário para manter a disciplina e seguir o seu plano? Existe sofrimento só de pensar nas coisas que precisa fazer pela sua saúde?

☐ Existe concentração quando realiza uma atividade física? Você se percebe 100% presente quando se exercita?

☐ Os objetivos são claros? Você sabe aonde quer chegar?

☐ Você tem uma sensação de gratidão frequente, como se cuidar da sua saúde fosse algo extremamente realizador?

☐ O envolvimento é intenso e natural? Você quer realmente estar ali? Se pudesse escolher, estaria realmente cuidando da sua saúde?

☐ Existe um senso de controle? Você cuida da sua saúde porque realmente quer?

☐ Ou faz isso por obrigação?

☐ Você é congruente com os seus valores? Quando está se alimentando bem, praticando as suas atividades e fazendo o que precisa ser feito pela sua saúde, sente-se bem, uma pessoa completa?

☐ Ou algumas vezes sente que está ferindo alguns valores importantes para você?

☐ Você se sente competente para cuidar da sua saúde? Existe um método claro e eficaz que conduz as suas ações?

☐ Existe continuidade nas suas rotinas?

☐ Ou você está sempre recomeçando e buscando alguma coisa que não sabe bem o que é?

Resultado: com base nas suas respostas, você se considera engajado ou comprometido com a sua saúde?

PONTO DE CONEXÃO 4:

O ENGAJAMENTO E OS SEUS RELACIONAMENTOS

A presença se tornou o maior símbolo de amor do mundo contemporâneo!

Alê Prates

Escolhi abordar esse tema por dois motivos cruciais:

1. Os relacionamentos impactam diretamente o nosso desempenho em qualquer área da vida, pois compõem fortemente a nossa energia, um dos pilares da Espiritualidade do Resultado. Um relacionamento saudável nos inspira e provoca uma melhoria considerável em todos os outros aspectos da vida. O contrário também é verdadeiro. Um relacionamento tóxico tem um poder destrutivo, pois acomoda ou, pior, pode até destruir a nossa autoestima. As consequências você sabe bem quais são.
2. É uma área em que eu também tenho muita história, experiências próprias e de terceiros para extrair bons aprendizados.

Novamente ressalto que não sou nenhum especialista no assunto, logo, minhas abordagens não são, nem de longe, técnicas ou teóricas. Quero apenas mostrar como o engajamento nos relacionamentos pode impactar a sua vida, o seu desempenho e resultados.

Demorei a perceber isso. Obviamente eu sabia que os relacionamentos tinham uma contribuição importante em nossa jornada, mas levei um tempo para perceber que a contribuição é MUITO maior do que eu poderia imaginar. Em meus anos dedicados a processos de coaching, pouco a pouco fui me convencendo disso. Conheci pessoas altamente capazes que estavam fragilizadas por parceiros dominantes, egoístas e possessivos. E vi pessoas que cresceram vertiginosamente ao lado de um parceiro apoiador, empático e generoso.

Comprovei um fluxo muito interessante e claro nas minhas análises sobre o tema:

Relacionamento > Autoestima > Autoconfiança > Transformação > Desempenho > Resultados

Vamos interpretar dois cenários.

Um relacionamento saudável (no qual existe admiração, cumplicidade, torcida, empatia e generosidade) eleva a nossa autoestima (traz aquela sensação de compartilhamento, cuidado, de um porto seguro). A autoestima impulsiona o melhor de nós, trazendo autoconfiança (nos sentimos mais capazes, sólidos, completos), e a autoconfiança impulsiona a transformação (queremos ficar mais bonitos, aprender, evoluir, amadurecer, crescer). Tudo isso se reflete em nosso desempenho e traz resultados em todas as áreas da nossa vida.

Já um relacionamento tóxico (no qual imperam a insegurança, o rancor, a vaidade, o desprezo, a arrogância, o orgulho e o egoísmo) maltrata a nossa autoestima (nos

NÃO NEGOCIE COM A PREGUIÇA

sentimos pequenos, fracos, impotentes, sem chão). Com a autoestima em baixa, a autoconfiança é afetada (duvidamos da nossa capacidade, temos receio de compartilhar os erros, pois seremos ainda mais criticados). Sem a autoconfiança, a transformação é negativa (nos tornamos mais tristes, rancorosos, a vibração diminui, ou seja, involuímos). Fatalmente, o desempenho é prejudicado e os resultados são traumáticos e muitas vezes irreversíveis.

Veja que esse ciclo pode impulsionar ou sabotar a sua vida em todos os pilares essenciais. Por mais que você seja competente e engajado na sua carreira, lembre-se, somos seres integrais, e você será — por mais forte que seja — atingido positiva ou negativamente pelo seu relacionamento.

Espero tê-lo convencido de que os seus relacionamentos determinam fortemente a sua trajetória pessoal e profissional. Afinal, como falamos tanto neste livro, nós temos apenas uma energia. Não permita que ninguém a tire de você.

Quero lembrá-lo da proposta crucial desse método: compreender que, se você está vivendo um cenário positivo ou negativo na sua vida, isso se deve ao seu engajamento. Se o cenário é bom, potencialize o seu engajamento para que ele evolua sempre. Agora, se o cenário é ruim, engaje-se com a mudança.

Permita-me ser ainda um pouco mais firme. Antes de culpar o outro pela dificuldade do seu relacionamento, olhe para dentro. O seu engajamento ou a falta dele pode estar determinando a qualidade das suas relações.

Não é novidade nenhuma, após transitar por todo esse conteúdo, que vou dedicar as próximas páginas a mostrar como você pode assumir a responsabilidade e viver relacionamentos plenamente saudáveis. Venha comigo por este último pilar de conexão da nossa energia. Eu garanto, por experiência própria, que a sua visão de mundo vai mudar consideravelmente.

CONVIVA COM PESSOAS MELHORES DO QUE VOCÊ!

Esse foi o conselho que recebi da Dona Clara quando eu tinha dez anos de idade. Levei uma vida para entender, de fato, o que isso significava.

Durante anos eu acreditei que pessoas melhores do que eu eram aquelas que tinham atributos que eu não tinha. Pessoas que tinham conquistado mais riquezas ou que possuíam capacidades notáveis para que eu pudesse me espelhar e ter um norte para o meu próprio desenvolvimento. O fato é que conviver com essas pessoas no mundo corporativo foi incrível para a minha carreira e para os meus negócios. Impossível negar a influência desses indivíduos na minha trajetória.

O erro foi acreditar que esse conceito se aplicaria da mesma forma aos meus relacionamentos. Foi frustrante em muitos momentos me relacionar com pessoas evidentemente melhores do que eu, mas que não contribuíram em nada na minha vida. Pelo contrário, por estarem em um patamar "superior", utilizavam isso para menosprezar e me prender a elas, diminuindo o meu valor. Nem preciso explicar como isso foi danoso na minha vida.

Você precisa se relacionar com pessoas melhores do que você, sim. Pessoas com valores, capacidades e recursos que você não possui. Que o inspirem, que sirvam de exemplo e que o instiguem a ser melhor. No entanto, dois fatores são necessários para que haja sinergia: complementaridade e entrega.

A pessoa vai ser melhor do que você em alguns aspectos e você vai ser melhor do que ela em outros. Essa complementaridade é o primeiro passo para que exista admiração mútua e um senso de necessidade de evoluir para continuar merecendo essa admiração. Mas esse é apenas o primeiro fator. O segundo é a entrega, o real desejo de contribuir com a evolução do outro. Quando existe entrega, estar ao lado de alguém melhor do que você faz um bem considerável para a sua vida, em todos os contextos que o cercam.

Essa troca de virtudes, sentimentos e admiração tem muito poder na composição da sua energia. Poder contar com alguém que compartilha a vida e os sonhos contigo dá um ânimo indescritível para o seu desempenho e resultados.

E no mundo corporativo?

Guardadas as devidas proporções, não é tão diferente assim. É fato que, em determinado momento da trajetória profissional, nós precisamos conviver com pessoas que notoriamente são mais preparadas do que nós, seja pela

NÃO NEGOCIE COM A PREGUIÇA

condição financeira, por atributos profissionais, experiência etc. Mesmo que essa troca não seja recíproca, você suporta a convivência, pois os ganhos compensam o desequilíbrio da relação. E obviamente isso é bem diferente do que podemos e devemos suportar em um relacionamento mais pessoal, seja ele com o seu companheiro ou companheira de vida, amigos ou família. Embora muitas pessoas se sujeitem a relacionamentos massacrantes por dependência, interesse ou qualquer outro fator que, mais cedo ou mais tarde, vá destruí-las.

Mesmo que o mundo dos negócios nos obrigue a relações mais superficiais e pouco recíprocas, a pergunta que fica é: por quanto tempo vamos suportar isso? Por quanto tempo você suporta a humilhação do seu sócio porque ele é o investidor do negócio? E quantas noites você vai conseguir passar em claro por ter que conviver com aquele chefe que o explora, mas que lhe oferece oportunidades de aprendizado e crescimento?

Não quero julgar os motivos que fazem você suportar uma realidade de relacionamento indesejada, mas preciso alertá-lo para o fato de que o impacto negativo disso na sua energia será enorme. A consequência você sabe bem!

Então, mesmo que você seja uma pessoa altamente resiliente, não permita que essa se torne a sua realidade.

Relacionamentos saudáveis no mundo dos negócios, assim como na esfera pessoal, seguem a mesma regra: complementaridade e entrega. Se houver isso, ambos colherão bons frutos para a carreira, para os negócios e a vida.

Servir para merecer ser servido

Se você leu com atenção as linhas acima, certamente percebeu que a palavra "servir" está presente de forma intensa. Impossível falar sobre engajamento nos relacionamentos sem investir um tempo nessa palavra.

O maior erro das pessoas é entrar em um relacionamento para extrair. Quando você tem essa postura, isso impacta diretamente no engajamento do outro. Ninguém se engaja sem reciprocidade. Portanto, sirva as pessoas e colha os frutos disso. Quanto mais pessoas você servir, mais pessoas se engajarão para servi-lo. Se existe essa comunhão em uma relação, ambos compartilham um ambiente de gratidão e harmonia.

Servir é um ato de altruísmo. Você faz pelo outro antes de fazer por você. E, se não houver reciprocidade, a decisão de continuar servindo ou não é sua. A minha experiência me ensinou a dar o primeiro passo. Sirvo sem restrições, e, se não valer a pena, entendo que a relação não é saudável e sigo a minha vida. Nunca me arrependi de servir, mas confesso que, em muitos casos, gostaria de ter percebido antes que não valia a pena insistir.

Presença: o maior desafio para os relacionamentos contemporâneos

Estamos presentes, mas não praticamos a presença! Essa frase faz sentido para você? Caso não faça, basta ir a um restaurante e observar as pessoas ao redor. Você vai ver

NÃO NEGOCIE COM A PREGUIÇA

pessoas presentes na mesa, mas dividindo essa presença com o smartphone. Ou seja, aqueles que partilham da nossa companhia são negligenciados por aqueles que estão vivendo sua vida.

Esse hábito se tornou presente independentemente de idade, sexo ou classe social. E o que isso tem a ver com os seus relacionamentos? Tudo!

Já falamos sobre servir e a importância disso para a construção de relacionamentos saudáveis. Impossível servir sem estar plenamente presente. Quando estamos conectados com o momento presente, somos mais relevantes e marcantes, pois atentamos àquilo que somente a presença consegue nos trazer: os detalhes. Prestar atenção aos detalhes significa valorizar o que importa ao outro. Ouvir atentamente o que ele está dizendo, importar-se realmente com suas preocupações, seus problemas e anseios. Quando a sua presença não está ali, naquele momento presente, a mensagem transmitida é simples: não é tão importante! A cada olhada no celular, a cada "ahãm" fingindo que está ouvindo, e todas as vezes que disser "Desculpe, o que você disse mesmo?", você está deixando claro que o outro não é merecedor de sua atenção. E isso é extremamente irritante, para não dizer desrespeitoso.

Não estou julgando as suas atribuições, muito menos a sua necessidade ou vontade de dedicar a sua atenção a redes sociais, e-mails ou seja o que for. Não importa. A questão aqui é simples: você não está 100% presente onde deveria estar. E o seu smartphone é só um exemplo; pode ser qualquer coisa que tire o seu foco de onde realmente precisa estar.

O que gera o engajamento entre as pessoas?

Falei anteriormente que nós precisamos servir as pessoas. Então, a lógica seria simples: para que haja engajamento mútuo, basta que um sirva ao outro. Certo? Em parte, sim, mas vamos nos aprofundar nesse quesito. Precisamos ter uma compreensão ampla do conceito de servir. Vamos começar com uma pergunta: como você sabe que está servindo alguém?

Servir é muito mais do que ajudar, contribuir, apoiar, consolar ou estender a mão. Servir é estar ao lado de alguém durante a realização do seu sonho como se ele fosse seu. É vibrar na mesma intensidade das realizações desse outro. É compreender que ambos possuem o mesmo direito de crescer e evoluir. Servir não é ajudar enquanto as realizações do outro não são maiores do que as suas. Servir é desejar o que o outro deseja.

Ter engajamento é se envolver livremente, ou seja, realmente desejar que o outro conquiste aquilo que deseja. É como torcer para que o seu filho ingresse naquela universidade disputada. Essa torcida é genuína, livre e dotada de um orgulho pleno, como se aquele resultado também fosse seu. E, de fato, é!

Agora traga essa definição para o seu relacionamento. Você torce dessa forma para o seu companheiro ou companheira? A resposta óbvia é "Claro que sim, afinal, eu o (a) amo". Então, vou dificultar um pouco mais.

Sua esposa tem conseguido um grande destaque na carreira e começa a decolar na empresa. Essa ascensão

NÃO NEGOCIE COM A PREGUIÇA

exige viagens, compromissos além do horário, reuniões intermináveis, enfim, um grande empenho da parte dela. No entanto, as coisas não andam tão bem para você. Os resultados não estão vindo, a pressão está grande e os dias não são mais tão instigantes. Por conta disso, a sua remuneração diminuiu consideravelmente e isso tem sido frustrante para você.

Como você lida com essa situação? Consegue se engajar com o sucesso da sua esposa nesse contexto? Qual sentimento isso lhe proporciona? Responda com sinceridade!

Não se envergonhe por sentir um desconforto com essa situação. Qualquer um sentiria. Obviamente nós desejamos que ambos estejamos vivendo uma situação semelhante, mas nem sempre isso é possível. E não há nada de errado com isso. Toda e qualquer carreira tem seus momentos de altos e baixos, resultantes de variáveis que nem sempre conseguimos controlar.

É possível estar engajado com o outro mesmo estando fragilizado?

Sim, é possível. Mas eu preciso avisá-lo: isso não depende só de você. É preciso que o casal esteja alinhado e engajado com um sentido maior: a união e a realização da família.

É impossível manter o engajamento com o outro se você é crucificado diariamente por não estar contribuindo financeiramente em casa ou se a cada oportunidade vocês se agridem pela situação alheia. É preciso que haja comunhão, compreensão e contribuição. Isso é servir.

Não se engane: isso nada tem a ver com subserviência

Engajamento é querer o melhor do outro, é estar ao lado dele e ajudá-lo a evoluir, nem que para isso seja necessário confrontá-lo e fazê-lo enxergar aquilo que não está vendo. Vocês não vão crescer na vida e na carreira sem que um seja o maior aconselhador do outro. É preciso que vocês dois confiem em si mesmos e que as críticas sejam naturais em seu convívio. Quando sabemos que há um sentido maior que nos move, essa comunicação acontece sem que os egos sejam feridos.

Isso é engajamento: a livre torcida pelo outro e um sentimento mútuo de realização. Quando um cresce, a família prospera.

Isso também se aplica ao seu ciclo de amizade

Por isso, acertadamente, dizem que na vida teremos muitos colegas e poucos e bons amigos. Com quantas pessoas você realmente está disposto a se engajar? E uma pergunta ainda mais importante: quantas pessoas você acredita que estão engajadas com você?

Se torcer pelo resultado do seu cônjuge é difícil quando os contextos de realização são diferentes, imagine por alguém com uma participação muito menos intensa na sua vida. Isso serve para você e para as pessoas que o cercam.

Esteja pronto para deixar pessoas pelo caminho

Por mais dolorido que seja, precisamos conceber que algumas pessoas não conseguem suportar o sucesso alheio, pois isso as coloca frente a frente com as suas próprias frustrações. Esse é o incômodo improdutivo se manifestando. Quando alguém não confia nas suas próprias competências e no seu potencial de realizações, a conquista do outro parece muito distante de suas capacidades, portanto, afastar-se se mostra uma opção menos dolorosa.

Obviamente são pessoas nada engajadas com você. Portanto, podem ser consideradas colegas, mas amigos, de fato, não são. Isso não quer dizer que você precise se afastar; apenas não crie expectativas em relação a esses indivíduos.

Agora olhe para você!

Se não consegue se engajar com nenhum amigo, torcendo livremente por ele e vibrando com as conquistas dele, possivelmente você está envolvido por um incômodo improdutivo, e isso pode prejudicar as suas relações. Você jamais vai se engajar com todos, mas não se engajar com ninguém é um problema.

As pessoas se aproximam de quem torce por elas, pois podem compartilhar seus desafios e vitórias. Quantas pessoas dividem com você os seus anseios? Esse pode ser um indicador do quanto você é percebido como alguém com quem vale a pena conviver.

O engajamento e a sua família

O engajamento com a família é algo natural. Afinal, trata--se do bem mais valioso que possuímos, certo? Poderia ser, mas não funciona necessariamente assim. Conheço muitas pessoas comprometidas com a família, mas o engajamento vai muito além de se preocupar e de querer o bem. Engajar--se com a família é viver o engajamento na sua plenitude. E, se você chegou até este ponto da leitura, sabe bem do que estou falando: participação com intensidade e frequência. Esse conceito vale para tudo na vida. Não adianta ser intenso durante um fim de semana por mês. Pode ser divertido, até inesquecível, mas não marca a sua participação. Da mesma forma, não adianta ter frequência apenas para cumprir tabela. Estar presente ali, mas a presença estar em outro lugar. Coloque a participação assertiva para funcionar.

Como leitor atento, você deve ter reparado que faltou um item da participação intensa, o método. Mas o método se encaixa no quesito engajamento com a família? Sim, e muito! Não só neste tópico, mas em tudo o que necessitar de engajamento.

Construa um método de ação para a sua família

Se você não sabe como fazer da sua presença algo especial para os seus filhos, está lhe faltando método. Se você não tem claro o que pode tornar o seu fim de semana mais empolgante com a família, está lhe faltando método. Se você não faz ideia do que fazer com o tempo livre com a sua esposa, está lhe faltando método.

Pode parecer estranho ter um método para conviver com a sua esposa e os seus filhos, mas não é exagero. Vocês podem, sim, planejar um fim de semana, uma viagem, um piquenique ou uma noite de filmes em casa. Isso vai evitar que cada um fique no seu canto com o celular, perdendo a oportunidade de construir grandes laços de família. Obviamente vocês vão ter os seus momentos necessários de solidão e de intimidade, mas isso não precisa acontecer por falta do que fazer; pode ser uma decisão de todos.

Definam os seus princípios e valores familiares

Aprendam a conversar sobre tudo, a compartilhar seus anseios, angústias, alegrias, tristezas, vitórias e derrotas. Se a comunicação aberta for um princípio estabelecido por vocês, certamente serão mais próximos e fortes.

As pessoas têm suas atribuições e são responsáveis por elas, mas tudo pode ser compartilhado e nós devemos nos ajudar quando é necessário. As conquistas são nossas e as quedas também. As pessoas são livres para viver suas escolhas, mas sempre saberão que a família é o seu porto seguro.

Coloquei aqui dois princípios que acredito que sejam fundamentais para a construção de um vínculo familiar saudável: comunicação aberta e apoio mútuo. Esses princípios devem ser regidos por valores claros e firmes como franqueza, ética, liberdade e união. Mas isso é apenas o que eu acredito; cabe a vocês definir os princípios e valores que deverão reger a sua família. Esse é o eixo que sustentará o seu lar.

Não permita que vocês esfriem

O seu relacionamento conjugal também merece essa atenção. Um dia eu ouvi do presidente de uma grande agência de turismo que os casais mais velhos não compram pacotes para cruzeiros somente para eles, pois não sabem como conviver sozinhos durante sete dias em alto-mar. Parece absurdo, mas não é. Muitos casais têm a necessidade de manter um ciclo social ativo, pois não imaginam os seus fins de semana sem pessoas ao redor. Às vezes isso é uma fuga ocasionada pela falta de participação assertiva na hora certa. É preciso ter método, sim. Façam cursos juntos, viagens, dividam leituras, pratiquem exercícios, tenham um hobby em comum, enfim, não acostumem a relação de vocês apenas a jantares e horas intermináveis de séries na Netflix. Invistam na participação de vocês, ou, pouco a pouco, vão estar comprometidos e pouco engajados.

Eu me recordo de um executivo que atendi há alguns anos. Durante algumas semanas nós debatemos sobre os seus desafios profissionais, performance, resultados, carreira, negócios e tudo aquilo porque ele, com sua vasta competência, transitava tão bem. Ele falava disso com

NÃO NEGOCIE COM A PREGUIÇA 231

naturalidade, confiança e profundo entusiasmo. Era muito fácil trabalhar com ele: tinha um foco inabalável, que o fazia colocar sempre o seu melhor em jogo. Mas a minha crença de que a vida é muito mais do que indicadores de desempenho alcançados com louvor sempre entra em ação e invade outras áreas da vida. Ninguém, absolutamente ninguém, escapa daquilo que abordamos na Espiritualidade do Resultado: nós temos apenas uma energia. Então, mesmo sob protesto do meu cliente, nós falamos sobre saúde, relacionamentos, família, e, por mais que ele tenha tentado fugir, algo muito forte veio à tona. Com a minha postura inabalável de quem não deve se envolver, fui abatido por essa revelação: "Alê, eu não me lembro qual foi a última vez que eu disse 'eu te amo' para o meu filho. Ele tem 15 anos e, pouco a pouco, nós fomos nos afastando. Nos respeitamos, conversamos, mas não trocamos afeto." Conversamos muito a respeito, mas percebemos que os bloqueios internos eram enormes, ultrapassando minhas competências profissionais. Então, eu o encorajei a procurar um psicólogo e ele o fez. Ficamos mais alguns meses juntos e o tratamento continuou. Ele, como sempre, muito disciplinado, estava envolvido na grande missão da sua vida: resgatar a família.

Isso não acontece por acaso, muito menos de repente. A falta de uma participação assertiva, de definir um método e segui-lo, vai permitindo que outras prioridades tomem conta, e, quando percebemos, a vida passou e nós podemos perder o melhor dela. Fico feliz que esse pai tenha percebido essa realidade antes que uma urgência o obrigasse.

A regra é a mesma para tudo: se você não se engajar hoje, a vida tratará de obrigá-lo a se comprometer em algum momento. Não permita isso.

Qual é o propósito da sua família?

Vocês precisam de um sentido maior do que simplesmente seguir a vida conforme os padrões estabelecidos pela sociedade. O que é importante para vocês? O que os move? O que vocês vão construir juntos?

Talvez para vocês o que importe seja fazer o bem, viajar pelo mundo, construir empreendimentos, investir em educação e cultura, viver da sua arte, enfim. Não importa o que seja, algo maior precisa uni-los.

Quando o sentido está claro, os valores familiares são fortemente estabelecidos, o método é naturalmente definido e o caminho se torna muito mais envolvente, coerente e realizador.

O engajamento e o resgate das suas relações

Resgatar é muito mais difícil do que construir as suas relações. Se você fizer a coisa certa na hora certa, vai construir relacionamentos saudáveis e sustentáveis.

No entanto, muitos de nós queremos evoluir nossas relações, e isso passa pelo resgate de relações importantes que, por algum motivo, estão adormecidas ou trincadas.

O seu engajamento será vital nesse resgate!

Temos duas formas de fazer isso, e nenhuma delas é simples. Mas eu afirmo, por experiência própria, que o processo é viável e tem um grande poder transformador na sua vida.

Não sei como você prefere fazer, mas faça:

1. **Conversa franca:** sabe aquela pessoa que está distante, seja qual for o motivo? Aborde-a com uma conversa verdadeira. Desculpe-se se esse for o caso, mostre onde vocês erraram e diga o que podem fazer para estar cada vez mais próximos. Ouça e tenha o coração e a mente abertos para ajustar as coisas. Em resumo, perdoe, supere o passado e viva o presente.

2. **Intensifique a participação:** muitas vezes ninguém errou, vocês apenas se afastaram, seguiram as suas prioridades. Não há do que se desculpar. Vocês só precisam se aproximar novamente. Então, assuma isso e participe da vida do outro com mais intensidade e frequência. Essa presença os aproximará. Mas, por favor, não espere a ação do outro. Se for importante para você, faça. Seja a pessoa madura da relação. Alguém precisa ser.

Independentemente da opção que o deixa mais confortável, lembre-se: a presença é fundamental. Sempre!

Tudo o que é importante para você merece engajamento

Sua família, seu companheiro, sua companheira, seus amigos, seus avós, seu networking e tudo o mais que lhe importa precisam do seu engajamento. O amor não é a cola de nada; a participação, sim. Quantas pessoas que você ama estão distantes de você? Não é falta de amor; é pouca participação.

Faça-se presente: a tecnologia pode nos ajudar a estar perto se estivermos longe, mas, quando estiver perto, não fique longe. Pratique a presença.

VOCÊ É **ENGAJADO** OU **COMPROMETIDO** COM OS SEUS RELACIONAMENTOS?

Marque **V** para verdadeiro e **F** para falso para as perguntas abaixo:

- ☐ Você sente que emprega o máximo dos seus recursos racionais e emocionais para construir e valorizar os seus relacionamentos?

- ☐ Ou sente, no fim do ano, que deixou família e amigos de lado?

- ☐ Um considerável esforço emocional é necessário para se relacionar? Existe sofrimento só de pensar em sair com amigos ou participar dos encontros de família?

- ☐ Existe concentração nos momentos de relacionamento? Você se percebe 100% presente ali?

- ☐ Existe um propósito para a sua família?

- ☐ Você tem uma sensação de gratidão frequente, como se o seu ciclo de relacionamento o completasse?

- [ ] O envolvimento é intenso e natural? Você quer realmente estar ali? Se pudesse escolher, estaria com aquelas pessoas?

- [ ] Existe um senso de controle? Você sente que tem poder de decisão ou as coisas acontecem sem a sua atuação?

- [ ] Você é congruente com os seus valores? Quando está com a família e os amigos sente-se bem, uma pessoa completa?

- [ ] Ou algumas vezes sente que está ferindo alguns valores importantes para você?

- [ ] Você sabe o que precisa fazer pela sua família e pelo seu ciclo de amizade? Existe um método claro e eficaz que conduz as suas ações?

- [ ] Existe continuidade nas suas relações?

- [ ] Ou você está sempre recomeçando e buscando alguma coisa que não sabe bem o que é?

Resultado: com base nas suas respostas, você se considera engajado ou comprometido com as suas relações?

É HORA DE ME DESPEDIR

Não sei quais foram as sensações que invadiram você durante a leitura deste livro, então quero falar das minhas expectativas sobre isso.

Coloquei toda a minha verdade aqui, sem nenhuma intenção de agradar, apenas com a mais sincera verdade e um objetivo simples: provocar o seu desenvolvimento. Para isso, eu me dediquei a lhe apresentar métodos, conselhos e histórias com a finalidade de mexer com a sua percepção. Se, depois de ler este livro, você se permitiu revisitar o seu modo de pensar e agir, eu cumpri a minha missão. Só posso chegar até aqui e lhe mostrar os caminhos para o engajamento; agora, conquistá-lo é com você.

Do fundo do coração, muito obrigado. Obrigado pelo seu tempo, sua paciência e confiança. É uma honra poder contribuir, de alguma forma, com a sua trajetória.

A única maneira de retribuir a sua dedicação comigo é me dedicar ainda mais a você. Então, se o engajamento for um tema presente na sua vida e se você quiser compartilhar, debater ou esclarecer algum ponto, estarei sempre à disposição. Escolha a melhor forma e vamos nos comunicar:

Instagram/alepratesoficial
Facebook/alexandre.prates
Youtube/canalresultado
E-mail: alexandre@alexandreprates.com.br

Eu desejo que o engajamento seja o impulsionador das suas realizações na carreira, nos negócios e na vida. Participe. Essa é a sua única chance!

Um forte abraço,

Alê Prates

Este livro foi composto na tipografia Palatino LT Std,
em corpo 11/16, e impresso em papel off-white
no Sistema Digital Instant Duplex
da Divisão Gráfica da Distribuidora Record.